LES CODES FRANÇAIS

COLLATIONNÉS

SUR LES TEXTES OFFICIELS

COMPRENANT

1° LA CONFÉRENCE DES ARTICLES ENTRE EUX ;

2° SOUS CHAQUE ARTICLE LES TEXTES TANT ANCIENS QUE NOUVEAUX
QUI LES EXPLIQUENT, LES COMPLÈTENT, OU LES MODIFIENT ;

3° UN SUPPLÉMENT PAR ORDRE ALPHABÉTIQUE ET CHRONOLOGIQUE,
RENFERMANT, OUTRE LES LOIS LES PLUS USUELLES,
LES TEXTES ANCIENS QUI SONT ENCORE EN VIGUEUR ;

4° UNE TABLE ALPHABÉTIQUE RENVOYANT AUX LOIS ET AUX
PAGES OÙ ELLES SONT REPRODUITES ;

ET

Les seuls où sont rapportés

LES TEXTES DU DROIT ANCIEN ET INTERMÉDIAIRE

NÉCESSAIRES A L'INTELLIGENCE DES ARTICLES

PAR

LOUIS TRIPIER

ÉDITION REFONDUE

CODE FORESTIER

PARIS

A. COTILLON & Cᵉ, IMPRIMEURS-ÉDITEURS,

Libraires du Conseil d'État

24, RUE SOUFFLOT, 24.

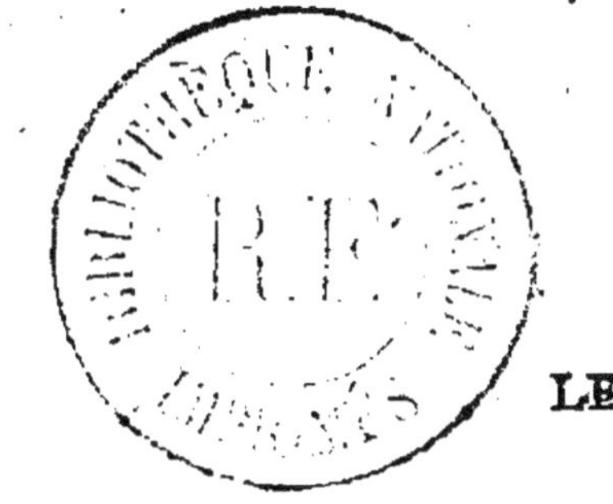

LES

CODES FRANÇAIS

Paris, impr. F. PICHON. — A. COTILLON et Cie,
30, rue de l'Arbalète, et 24, rue Soufflot.

LES
CODES FRANÇAIS

COLLATIONNÉS
SUR LES TEXTES OFFICIELS

contenant

1o LA CONFÉRENCE DES ARTICLES ENTRE EUX;

2o SOUS CHAQUE ARTICLE LES TEXTES TANT ANCIENS QUE NOUVEAUX
QUI LES EXPLIQUENT, LES COMPLÈTENT OU LES MODIFIENT;

3o UN SUPPLÉMENT PAR ORDRE ALPHABÉTIQUE ET CHRONOLOGIQUE,
RENFERMANT, OUTRE LES LOIS LES PLUS USUELLES,
LES TEXTES ANCIENS QUI SONT ENCORE EN VIGUEUR;

4o UNE TABLE ALPHABÉTIQUE RENVOYANT AUX LOIS ET AUX
PAGES OU ELLES SONT REPRODUITES,

ET

Les seuls où sont rapportés

LES TEXTES DU DROIT ANCIEN ET INTERMÉDIAIRE
NÉCESSAIRES A L'INTELLIGENCE DES ARTICLES

PAR

LOUIS TRIPIER

ÉDITION REFONDUE

———

CODE FORESTIER.

———

PARIS

A. COTILLON & Cie, IMPRIMEURS-ÉDITEURS,

Libraires du Conseil d'État

24, RUE SOUFFLOT, 24.

Réunir tous les textes nécessaires à l'intelligence d'une législation et rendre leur recherche aussi prompte que sûre, telles sont, selon moi, les conditions d'un bon Code. C'est dans la pensée d'atteindre ce double but que je publie aujourd'hui les Codes français.

Et, d'abord, réunion de tous les textes nécessaires.

Sous chaque article j'ai rapporté, outre les textes des lois nouvelles qui le complètent ou le modifient ·

1° Les dispositions du droit ancien et du droit intermédiaire, indispensables à connaître pour son explication, et qui sont citées par les commentateurs et les professeurs (1) ;

2° Tous les changemens que cet article a subis depuis sa promulgation. De cette manière, on a simultanément sous les yeux les Codes de la République, de l'Empire, de la Restauration, et on peut les comparer, soit entre eux, soit avec les Codes actuels.

Je n'insisterai pas sur l'utilité de ces innovations. Depuis longtemps il est reconnu qu'on ne peut étudier, même sommairement, certaines parties de notre droit, notamment les donations, les testamens, les substitutions, la preuve testimoniale, la procédure civile et le droit commercial, sans le

---

(1) J'avais aussi rapporté sous chaque article des Codes tous les textes de nos coutumes qui pouvaient s'y rattacher. Mais l'impossibilité de tout comprendre dans un volume m'a obligé à ne laisser que les dispositions indispensables. Au reste, cette partie de mon travail trouvera sa place dans une publication nouvelle, que j'entreprends sur nos coutumes, et qui comprendra, outre les textes ;

1° La conférence des articles entre eux et avec notre législation actuelle ;

2° Sous chaque article, la définition des termes de droit qu'il renferme, ainsi que l'exposé et la solution des questions qu'il a soulevées, le tout d'après les meilleurs commentateurs.

secours de nos anciens édits, lettres patentes, ordonnances, réglemens... Comment exploiter la mine si riche et si féconde de notre ancienne jurisprudence, si l'on ne connaît les points de ressemblance et de différence de l'ancienne législation et de la nouvelle ?

Et quant au droit intermédiaire, comment comprendre, par exemple, notre législation pénale et suivre sa marche, si l'on ignore les dispositions de ce droit sur cette importante matière ? De quelle utilité n'est pas la loi de brumaire an VII pour l'étude de notre système hypothécaire ?

Plusieurs articles de nos Codes renvoient aux usages locaux. J'ai placé sous ce mot *Usages locaux* les dispositions de nos coutumes sur ces matières.

En second lieu, célérité et sûreté des recherches.

Le tarif civil et le tarif criminel comprennent chacun plusieurs lois. Je les ai classées, suivant leur ordre chronologique, par 1re, 2e... Lorsque j'ai rencontré un article de quelque étendue, j'ai eu soin d'en indiquer les paragraphes. De cette manière, les nombreux renvois que j'ai faits aux tarifs sont tellement précis, que l'on trouve de suite et sûrement la disposition indiquée. MM. les juges taxateurs, les notaires, les avoués, les greffiers, les huissiers et toutes les personnes qui désirent connaître le prix des actes comprendront l'importance de ce nouvel ordonnancement.

Dans le Supplément aux Codes, se trouvent, outre les lois les plus usuelles, celles exigées pour les thèses et les textes de notre ancien droit qui sont encore en vigueur. Il est divisé par ordre alphabétique, et les lois relatives à chaque matière arrivent par ordre chronologique. Ces deux ordres se prêtent un tel concours que les recherches sont aussi faciles que dans un dictionnaire.

Pour ne pas grossir démesurément ce volume, je l'ai, afin d'y insérer toutes les lois les plus usuelles, terminé par deux tables alphabétiques aussi succinctes que possible, et comprenant : la première, toutes les matières jusqu'au 5 novembre 1851, et la deuxième, les lois, décrets....... rendus depuis cette dernière époque.

En faisant ce travail, j'ai voulu contribuer à faciliter et à fortifier les études juridiques. Je serai suffisamment récompensé si le public estime que je ne suis pas resté trop au-dessous de la tâche, bien modeste assurément, mais utile, que je me suis imposée.

ABRÉVIATIONS.

———

Cons.. .Constitution.
C....... Code civil.
Pr...... Code de procédure
(A. Pr.) Ancien Code de procédure civile.
Co...... Code de commerce.
(A. Co.) Ancien Code de commerce.
I. Cr.... Code d'instruction criminelle.
(A. I. Cr.) Ancien Code d'instruction criminelle.
P....... Code pénal.
F....... Code forestier.

O. F.... Ordonnance forestière.
A. C. d'Ét. Avis du conseil d'État.
C. D. P. Code des Délits et des Peines.
L....... Loi.
Décr.... Décret.
Ord..... Ordonnance.
Rég..... Réglement
s........ et suivans.
S. cons. Sénatus-consulte.
S. cons. org. Sénatus-consulte organique.
V. ou Voy. Voyez.

Tarifs en matière civile

T. 1er.—Décret du 16 février 1807, sur le tarif des frais et dépens pour le ressort de la cour royale de Paris.

T. 2. — Décret du 16 février 1807, sur la liquidation des dépens.

T. 3. — Décret du 14 mars 1808, sur les gardes du commerce.

T. 4. — Ordonnance du 9 octobre 1825, fixant les droits des greffiers des tribunaux de commerce.

T. 5. — Ordonnance du 10 octobre 1841, sur le tarif des frais et dépens des ventes judiciaires de biens immeubles.

T. 6. — Loi du 18 juin 1843, sur le tarif des commissaires-priseurs.

T. 7. — Loi du 21 juin 1845, qui supprime les droits et vacations des juges de paix.

Tarifs en matière criminelle.

T. Cr. ou **T. Cr. 1er.** — Décret du 18 juin 1811, contenant le tarif général des frais.

T. Cr. 2. — Décret du 7 avril 1813, qui modifie quelques disposition de celui du 18 juin 1811.

T. Cr. 3. — Ordonnance du 3 novembre 1819, sur la comptabilité des frais de justice.

T. Cr. 4. — Ordonnance du 30 décembre 1823, sur le recouvrement des amendes.

T. Cr. 5. — Ordonnance du 28 juin 1832, relative aux sommes consignées par les parties civiles.

T. Cr. 6. — Ordonnance du 28 novembre 1838, sur la liquidation et le paiement des frais de justice criminelle.

Vend............	Vendémiaire.	Germ............	Germinal.
Brum............	Brumaire.	Flor............	Floréal.
Frim............	Frimaire.	Prair............	Prairial.
Niv............	Nivôse.	Mess............	Messidor.
Pluv............	Pluviôse.	Therm............	Thermidor.
Vent............	Ventôse.	Fruct............	Fructidor.

Janv............	Janvier.	Sept............	Septembre.
Févr............	Février.	Oct............	Octobre.
Avr............	Avril.	Nov............	Novembre.
Juil............	Juill..	Déc............	Décembre.

AVIS.

Les *chiffres* renvoient aux textes en vigueur; — Les *lettres* renvoient aux textes qui, quoique n'étant plus en vigueur, sont indispensables à connaître.

Pour éviter le redoublement du signe du §, lorsqu'après l'énonciation des paragraphes, j'ai eu à citer un article, je l'ai fait précéder de ces lettres *art.* Ainsi, T. 1er, art. 29, § 15, 72, *signifie* décret du 16 février 1807, article 29, paragraphe 15 et 72 et T. 1er, art. 16, § 5, 6, art. 78, § 18, *s.*, *signifie* décret du 16 février 1807, article 16, paragraphes 5 et 6, et article 78, paragraphe 18 et suivants.

CODE FORESTIER.

TITRE PREMIER.

DU RÉGIME FORESTIER.

(Loi du 21 mai 1827, promulguée le 31 juillet suivant.)

ARTICLE 1er. Sont soumis au régime forestier, et seront administrés conformément aux dispositions de la présente loi, — 1° Les bois et forêts qui font partie du domaine de l'Etat; — 2° Ceux qui font partie du domaine de la Couronne; — 3° Ceux qui sont possédés à titre d'apanage et de majorats réversibles à l'Etat; — 4° Les bois et forêts des communes et des sections de communes; — 5° Ceux des établissemens publics; — 6° Les bois et forêts dans lesquels l'Etat, la Couronne, les communes ou les établissemens publics ont des droits de propriété indivis avec des particuliers (*a*). — F. 8-116. — O. F. 57-149.

2. Les particuliers exercent sur leurs bois tous les droits résultant de la propriété, sauf les restrictions qui seront spécifiées dans la présente loi (*b*). — F. 117-121.

TITRE DEUXIÈME.

DE L'ADMINISTRATION FORESTIÈRE.

3. Nul ne peut exercer un emploi forestier s'il n'est âgé de vingt-cinq ans accomplis; néanmoins les élèves sortant de l'école forestière pourront obtenir des dispenses d'âge (1). — O. F. 51 (*c*).

4. Les emplois de l'admi-

---

a) *Voyez* dans mon édition in-8°, Décret 15-29 sept. 1791, tit. r, art. 1, 2, 3, 4 et 5; Arrêté 16 vent. an X, art. 1er; Av. C. d'Et. 18 juill.-5 août 1809.

b) *Voyez* dans mon édition in-8°, Décret 15-29 sept. 1791, tit. r, art. 6, et la loi du 9 floréal an XI.

(1) ORD. 15 *nov.* 1832. ART. 1er. A l'avenir, nul ne sera nommé garde forestier, s'il est âgé de plus de trente-cinq ans et s'il ne sait lire et écrire.

Nota. L'article 2 est relatif aux gardes à cheval. L'ordonnance du 25 juillet 1844 les a supprimés.

c) *Voyez* dans mon édition in-octavo, Décret 15-29 septembre 1791, titre III, article 1.

nistration forestière sont incompatibles avec toutes autres fonctions soit administratives, soit judiciaires (1).—O. F. 31, 32, 33 (*a*).

5. Les agens et préposés de l'administration forestière ne pourront entrer en fonctions qu'après avoir prêté serment devant le tribunal de première instance de leur résidence, et avoir fait enregistrer leur commission et l'acte de prestation de leur serment au greffe des tribunaux dans le ressort desquels ils devront exercer leurs fonctions. — Dans le cas d'un changement de résidence qui les placerait dans un autre ressort en la même qualité, il n'y aura pas lieu à une autre prestation de serment (*b*). — F. 31, 87, 99, 117,—I. Cr. 16, 190.—O. F. 11. — Supp. *Enregistr.*, L. 22 frim. an VII, art. 68, § 3 n° 3, § 6 n° 4.

6. Les gardes sont responsables des délits, dégâts, abus et abroutissemens qui ont lieu dans leurs triages, et passibles des amendes et indemnités encourues par les délinquans, lorsqu'ils n'ont pas dûment constaté les délits (2).—F. 159, 171.—C. 1383 s. — I. Cr. 182. —O. F. 39 (*c*).

7. L'empreinte de tous les marteaux dont les agens et les gardes forestiers font usage, tant pour la marque des bois de délit et des chablis que pour les opérations de balivage et de martelage, est déposée au greffe des tribunaux, savoir : — Celle des marteaux particuliers dont les agens et gardes sont pourvus, aux greffes des tribunaux de première instance dans le ressort desquels ils exercent leurs fonctions ; —Celle du marteau royal uniforme, aux greffes des tribunaux de première instance et des cours royales (*d*). — P. 140.—O. F. 36, 37, 79.

---

(1) Déca. 24 *vend. an III,* *tit.* IV.

Art. 3. Les fonctionnaires qui seraient appelés à l'avenir à remplir des fonctions incompatibles avec celles qu'ils exerceraient déjà, seront pareillement tenus, à peine d'être destitués des unes et des autres, de faire leur option dans la décade qui suivra la notification qui leur sera faite du nouveau choix qui aura eu lieu en leur faveur.

(*a*) *Voyez* dans mon édition in-8°, Edit août 1669, tit. II, art. 5, 8 ; Décret 15-29 sept. 1791, art. 13.

(*b*) *Voyez* dans mon édition in-8°, Décret 15-29 septembre 1791, tit. III, art. 12 ; L. 16 nivôse an IX, art. 7.

(2) Arr. 21 *pluv. an XI.*

L'administration générale des forêts est autorisée à traduire devant les tribunaux, sans avoir recours à la décision du conseil d'Etat, les agens qui lui sont subordonnés.

(*c*) *Voyez* dans mon édition in-8°, Edit août 1669, titre X, art. 9 ; Décr. 15-29 sept. 1791, tit. XIV, art. 1, 2.

(*d*) *Voyez* dans mon édition in-8°, Edit août 1669, tit. II, art. 3 ; Décr. 15-29 sept. 1791, tit. V, art. 9.

TITRE TROISIÈME.

DES BOIS ET FORÊTS QUI FONT PARTIE DU DOMAINE DE L'ÉTAT.

SECTION PREMIÈRE.

De la Délimitation et du Bornage.

8. La séparation entre les bois et forêts de l'État et les propriétés riveraines pourra être requise, soit par l'administration forestière, soit par les propriétaires riverains (a). — F. 9 s., 115. — C. 646. — O. F. 57.

9. L'action en séparation sera intentée, soit par l'État, soit par les propriétaires riverains, dans les formes ordinaires. — Toutefois, il sera sursis à statuer sur les actions partielles, si l'administration forestière offre d'y faire droit dans le délai de six mois, en procédant à la délimitation générale de la forêt. — Pr. 49 1o, 59, 69. — O. F. 57 s. — Supp. *Compétence*, L. 25 mai 1838, art. 6 2o.

10. Lorsqu'il y aura lieu d'opérer la délimitation générale et le bornage d'une forêt de l'État, cette opération sera annoncée deux mois d'avance par un arrêté du préfet, qui sera publié et affiché dans les communes limitrophes, et signifié au domicile des propriétaires riverains ou à celui de leurs fermiers, gardes ou agens. — Après ce délai, les agens de l'administration forestière procéderont à la délimitation en présence ou en l'absence des proprié-taires riverains. — F. 12. — Pr. 1033. — O. F. 59 s.

11. Le procès-verbal de la délimitation sera immédiatement déposé au secrétariat de la préfecture, et par extrait au secrétariat de la sous-préfecture, en ce qui concerne chaque arrondissement. Il en sera donné avis par un arrêté du préfet, publié et affiché dans les communes limitrophes. Les intéressés pourront en prendre connaissance, et former leur opposition dans le délai d'une année, à dater du jour où l'arrêté aura été publié. — Dans le même délai, le gouvernement déclarera s'il approuve ou s'il refuse d'homologuer ce procès-verbal en tout ou en partie. — Sa déclaration sera rendue publique de la même manière que le procès-verbal de délimitation. — O. F. 60 s.

12. Si, à l'expiration de ce délai, il n'a été élevé aucune réclamation par les proprié-taires riverains contre le pro-cès-verbal de délimitation, et si le gouvernement n'a pas dé-claré son refus d'homologuer, l'opération sera définitive. — Les agens de l'administration forestière procéderont, dans le mois suivant, au bornage, en présence des parties inté-ressées, ou elles dûment ap-pelées par un arrêté du pré-fet, ainsi qu'il est prescrit par

____

(a) *Voyez* dans mon édition in-8o, Edit août 1669, tit. 27, art. 4, et l'arrêté du pluv. an VI.

l'article 10. — O. F. 60, 65.

13. En cas de contestations élevées, soit pendant les opérations, soit par suite d'oppositions formées par les riverains en vertu de l'article 11, elles seront portées par les parties intéressées devant les tribunaux compétens, et il sera sursis à l'abornement jusqu'après leur décision. — Il y aura également lieu au recours devant les tribunaux de la part des propriétaires riverains, si, dans le cas prévu par l'article 12, les agens forestiers se refusaient à procéder au bornage. — O. F. 64, 132.

14. Lorsque la séparation ou délimitation sera effectuée par un simple bornage, elle sera faite à frais communs. — Lorsqu'elle sera effectuée par des fossés de clôture, ils seront exécutés aux frais de la partie requérante, et pris en entier sur son terrain. — F. 8. — C. 667 s. — O. F. 66.

SECTION II.
De l'Aménagement.

15. Tous les bois et forêts du domaine de l'Etat sont assujettis à un aménagement réglé par des ordonnances royales. — O. F. 67 s.

16. Il ne pourra être fait dans les bois de l'Etat aucune coupe extraordinaire quelconque, ni aucune coupe de quarts en réserve ou de massifs réservés par l'aménagement pour croître en futaie, sans une ordonnance spéciale du Roi, à peine de nullité des ventes, sauf le recours des adjudicataires, s'il y a lieu, contre les fonctionnaires ou agens qui auraient ordonné ou autorisé ces coupes. — Cette ordonnance spéciale sera insérée au Bulletin des lois (1). — O. F. 7 7°, 71, 73 s., 85 s. (a).

SECTION III.
Des Adjudications des coupes.

17. Aucune vente ordinaire ou extraordinaire ne pourra avoir lieu dans les bois de l'Etat que par voie d'adjudication publique, laquelle devra être annoncée, au moins quinze jours d'avance, par des affiches appo-

---

(1) Av. C. D'Ét. 5 *janv.* 1837. Le conseil d'État, considérant qu'en permettant par l'art. 16 du Code forestier d'autoriser, par ordonnance du Roi, toutes les coupes extraordinaires quelconques, le législateur n'a eu ni pu avoir en vue que celles qui seraient effectuées et exploitées en observant les autres règles prescrites par le Code, — Que le projet de vente proposé contient de graves dérogations aux principes établis par le Code et aux règles générales qu'il prescrit pour la vente et l'exploitation des coupes tant ordinaires qu'extraordinaires; que de pareilles dérogations au Code, si elles sont reconnues nécessaires ou utiles dans des circonstances et des localités tout exceptionnelles, ne peuvent être autorisées que par une loi, — Est d'avis que la vente proposée par l'administration des forêts ne peut avoir lieu qu'autant qu'elle serait autorisée par une loi.

(a) *Voyez* dans mon édition in-8°, Edit août 1669, tit. xv, art. 1; Décr. 15-29 sept. 1791, tit. vii, art. 7, 8, 9.

sées dans le chef-lieu du département, dans le lieu de la vente, dans la commune de la situation des bois, et dans les communes environnantes. — F. 18 s., 100, 205. — O. F. 73 s.

18. Toute vente faite autrement que par adjudication publique sera considérée comme vente clandestine, et déclarée nulle. Les fonctionnaires et agens qui auraient ordonné ou effectué la vente seront condamnés solidairement à une amende de trois mille francs au moins, et de six mille francs au plus, et l'acquéreur sera puni d'une amende égale à la valeur des bois vendus (a). — F. 19, 53, 203, 205, 207.

19. Sera de même annulée, quoique faite par adjudication publique, toute vente qui n'aura point été précédée de publications et affiches prescrites par l'article 17, ou qui aura été effectuée dans d'autres lieux ou à un autre jour que ceux qui auront été indiqués par les affiches ou les procès-verbaux de remise de vente. *Les fonctionnaires ou agens qui auraient contrevenu à ces dispositions seront condamnés solidairement à une amende de mille à trois mille francs ; et une amende pareille sera prononc e contre les adjudicataires, en cas de complicité.* — F. 18, 53, 203.

20. (*Ainsi modifié, L. 4 mai 1837.*) *Toutes les contes-* tations qui pourront s'élever pendant les opérations d'adjudication, soit sur la validité desdites opérations, soit sur la solvabilité de ceux qui auront fait des offres et de leurs cautions, seront décidées immédiatement par le fonctionnaire qui présidera la séance d'adjudication (b).

21. Ne pourront prendre part aux ventes, ni par eux-mêmes, ni par personnes interposées, directement ou indirectement, soit comme parties principales, soit comme associés ou cautions : — 1° Les agens et gardes forestiers et *les agens forestiers de la marine*, dans toute l'étendue du Royaume, les fonctionnaires chargés de présider ou de concourir aux ventes, et les *receveurs du produit des coupes*, dans toute l'étendue du territoire où ils exercent leurs fonctions. — En cas de contravention, ils seront punis *d'une amende qui ne* pourra excéder le quart ni être moindre du douzième du montant de l'adjudication, et ils seront en outre passibles de l'emprisonnement et de l'interdiction qui sont prononcés par l'article 175 du Code pénal; — 2° Les parens et alliés en ligne directe, les frères et beaux-frères, oncles et neveux des agens et gardes forestiers et des agens forestiers de la marine, dans toute l'étendue du territoire pour lequel ces agens ou gardes

---

(a) *Voyez* dans mon édition in-8°, Edit août 1669, tit. XV, art. 3.

(b) ANCIEN ART. 20. Toutes les contestations qui pourront s'élever pendant les opérations d'adjudication, sur la validité des enchères ou sur la solvabilité des enchérisseurs et des cautions, seront décidées immédiatement par le fonctionnaire qui présidera la séance d'adjudication.

sont commissionnés : —En cas de contravention, ils seront punis d'une amende égale à celle qui est prononcée par le paragraphe précédent; — 3° Les conseillers de préfecture, les juges, officiers du ministère public et greffiers des tribunaux de première instance, dans tout l'arrondissement de leur ressort : — En cas de contravention, ils seront passibles de tous dommages-intérêts, s'il y a lieu. — Toute adjudication qui serait faite en contravention aux dispositions du présent article, sera déclarée nulle (*a*). — F. 101, 205, 207. — C. 735 s., 1596. — O. F. 31.

22. Toute association secrète ou manœuvre entre les marchands de bois ou autres, tendant à nuire aux enchères, à les troubler ou à obtenir les bois à plus bas prix, donnera lieu à l'application des peines portées par l'article 412 du Code pénal, indépendamment de tous dommages-intérêts; et si l'adjudication a été faite au profit de l'association se-

crète ou des auteurs desdites manœuvres, elle sera déclarée nulle (*b*).

23. Aucune déclaration de command ne sera admise, si elle n'est faite immédiatement après l'adjudication et séance tenante.

24. Faute par l'adjudicataire de fournir les cautions exigées par le cahier des charges dans le délai prescrit, il sera déclaré déchu de l'adjudication par un arrêté du préfet, et il sera procédé, dans les formes ci-dessus prescrites, à une nouvelle adjudication de la coupe à sa folle enchère. — L'adjudicataire déchu sera tenu, par corps, de la différence entre son prix et celui de la revente, sans pouvoir réclamer l'excédant, s'il y en a (*c*). — F. 28. — Pr. 733, 740. V. L. 22 juill. 1867.

25. (*Ainsi remplacé*, L. 4 mai 1837.) Toute adjudication sera définitive du moment où elle sera prononcée, sans que, dans aucun cas, il puisse y avoir lieu à surenchère (*d*).

26. (*Ainsi remplacé*, L. 4

(*a*) *Voyez* dans mon édition in-8°, Édit août 1669, tit. xv, art. 20, 21 et 22.

(*b*) *Voyez* dans mon édition in-8°, Édit août 1669, tit. xv, art. 23, 24.

(*c*) *Voyez* dans mon édition in-8°, Édit août 1669, tit. xv, art. 29, 30.

(*d*) ANCIEN ART. 25. Toute personne capable et reconnue solvable sera admise, jusqu'à l'heure de midi du lendemain de l'adjudication, à faire une offre de surenchère, qui ne pourra être moindre du cinquième du montant de l'adjudication. — Dès qu'une pareille offre aura

été faite, l'adjudicataire et les surenchérisseurs pourront faire de semblables déclarations de simple surenchère, jusqu'à l'heure de midi du surlendemain de l'adjudication, heure à laquelle le plus offrant restera définitivement adjudicataire. — Toutes déclarations de surenchère devront être faites au secrétariat qui sera indiqué par le cahier des charges, et dans les délais ci-dessus fixés; le tout sous peine de nullité.—Le secrétaire commis à l'effet de recevoir ces déclarations sera tenu de les consigner immédiatement sur un registre à ce destiné, d'y faire

mai 1837). Les divers modes d'adjudication seront déterminés par une ordonnance royale : ces adjudications auront toujours lieu avec publicité et libre concurrence (*a*).

27. (*Ainsi modifié*, **L. 4 mai 1837**.) Les adjudicataires sont tenus, au moment de l'adjudication, d'élire domicile dans le lieu où l'adjudication aura été faite; à défaut de quoi, tous actes postérieurs leur seront valablement signifiés au secrétariat de la sous-préfecture (*b*).—F. 48, 50.

28. Tout procès - verbal d'adjudication emporte exécution parée et contrainte par corps contre les adjudicataires, leurs associés et cautions, tant pour le paiement du prix principal de l'adjudication que pour accessoires et frais. — Les cautions sont en outre contraignables, solidairement et par les mêmes voies, au paiement des dom-

mages, restitutions et amendes qu'aurait encourus l'adjudicataire (*c*). — F. 48, 211 s.—C. 2060 5°, 2067. — Supp. *Contr. par corps*, art. 10, 13, 33 s.; L. 22 juillet 1867.

SECTION IV.
Des Exploitations.

29. Après l'adjudication, il ne pourra être fait aucun changement à l'assiette des coupes, et il n'y sera ajouté aucun arbre ni portion de bois, sous quelque prétexte que ce soit, à peine, contre l'adjudicataire, d'une amende égale au triple de la valeur des bois non compris dans l'adjudication, et sans préjudice de la restitution de ces mêmes bois ou de leur valeur. — Si les bois sont de meilleure nature ou qualité, ou plus âgés que ceux de la vente, il paiera l'amende comme pour bois coupé en délit, et une

---

mention expresse du jour et de l'heure précise où il les aura reçues, et d'en donner communication à l'adjudicataire et aux surenchérisseurs, dès qu'il en sera requis; le tout sous peine de trois cents francs d'amende, sans préjudice de plus fortes peines en cas de collusion. — En conséquence, il n'y aura lieu à aucune signification des déclarations de surenchère, soit par l'administration, soit par les adjudicataires et surenchérisseurs.

Nota. Les articles 31, 32, 33, 34 et 35 de l'édit d'août 1669 sur les eaux et forêts permettaient et réglaient les surenchères connues sous le nom de doublemens, tiercemens et demi-tiercemens.

(*a*) ANCIEN ART. 26. Toutes contestations au sujet de la validité des surenchères seront portées devant les conseils de préfecture.

(*b*) ANCIEN ART. 27. Les adjudicataires et surenchérisseurs sont tenus, au moment de l'adjudication ou de leurs déclarations de surenchère, d'élire domicile dans le lieu où l'adjudication aura été faite; faute par eux de le faire, tous actes postérieurs leur seront valablement signifiés au secrétariat de la sous-préfecture.

Nota. Voyez aussi dans mon édition in-8°, Edit août 1669, tit. XV, art. 26.

(*c*) *Voyez* dans mon édition in-8°, Edit août 1669, tit. XV, art. 27, 29.

somme double à titre de dommages-intérêts. — Les agens forestiers qui auraient permis ou toléré ces additions ou changemens, seront punis de pareille amende, sauf l'application, s'il y a lieu, de l'article 207 de la présente loi (*a*). — F. 17 s., 192 s. — O. F. 74 s.

30. Les adjudicataires ne pourront commencer l'exploitation de leurs coupes, avant d'avoir obtenu, par écrit, de l'agent forestier local, le permis d'exploiter, à peine d'être poursuivis comme délinquans pour les bois qu'ils auraient coupés (*b*). — F. 192 s. — O. F. 92.

31. Chaque adjudicataire sera tenu d'avoir un facteur ou garde-vente, qui sera agréé par l'agent forestier local et assermenté devant le juge de paix. — Ce garde-vente sera autorisé à dresser des procès-verbaux, tant dans la vente qu'à l'ouïe de la cognée. Ses procès-verbaux seront soumis aux mêmes formalités que ceux des gardes forestiers, et feront foi jusqu'à preuve contraire. — L'espace appelé *l'ouïe de la cognée* est fixé à la distance de deux cent cinquante mètres, à partir des limites de la coupe (*c*). — F. 45, 46, 165, 170-176. — O. F. 94.

32. Tout adjudicataire sera tenu , sous peine de cent francs d'amende, de déposer chez l'agent forestier local et au greffe du tribunal de l'arrondissement l'empreinte du marteau destiné à marquer les arbres et bois de sa vente. — L'adjudicataire et ses associés ne pourront avoir plus d'un marteau pour la même vente, ni en marquer d'autres bois que ceux qui proviendront de cette vente, sous peine de cinq cents francs d'amende (*d*). — O. F. 95.

33. L'adjudicataire sera tenu de respecter tous les arbres marqués ou désignés pour demeurer en réserve, quelle que soit leur qualification, lors même que le nombre en excéderait celui qui est porté au procès-verbal de martelage, et sans que l'on puisse admettre en compensation d'arbres coupés en contravention, d'autres arbres non réservés que l'adjudicataire aurait laissés sur pied (*e*). — F. 3⁴. — O. F. 79 s.

34. Les amendes encourues par les adjudicataires, en vertu de l'article précédent, pour abattage ou déficit d'arbres réservés, seront du tiers en sus de celles qui sont déterminées par l'article 192, toutes les fois que l'essence et la circonférence des arbres pourront être constatées. — Si, à raison de l'enlèvement des arbres et de leurs souches, ou de toute autre cir-

---

(*a*) *Voyez* dans mon édition in-8°, Edit août 1669, tit. **xv**, article 14; titre **xvi**, articles 8 et 9.

(*b*) *Voyez* dans mon édition in-8°, Edit août 1669, tit. **xv**, art. 36.

(*c*) *Voyez* dans mon édition in-8°, Edit août 1669, tit. **xv**, art. 39, 51.

(*d*) *Voyez* dans mon édition in-8°, Edit août 1669, tit. **xv**, art. 37, 38.

(*e*) *Voyez* dans mon édition in-8°, Edit août 1669, tit. **xvi**, art. 10.

constance, il y a impossibilité de constater l'essence et la dimension des arbres, l'amende ne pourra être moindre de cinquante francs ni excéder deux cents francs. — Dans tous les cas, il y aura lieu à la restitution des arbres ou, s'ils ne peuvent être représentés, de leur valeur, qui sera estimée à une somme égale à l'amende encourue. — Sans préjudice des dommages-intérêts (*a*).—F. 28, 193.

35. Les adjudicataires ne pourront effectuer aucune coupe ni enlèvement de bois avant le lever ni après le coucher du soleil, à peine de cent francs d'amende (*b*). — F. 28.

36. Il leur est interdit, à moins que le procès-verbal d'adjudication n'en contienne l'autorisation expresse, de peler ou d'écorcer sur pied aucun des bois de leurs ventes, sous peine de cinquante à cinq cents francs d'amende; et il y aura lieu à la saisie des écorces et bois écorcés, comme garantie des dommages-intérêts, dont le montant ne pourra être inférieur à la valeur des arbres indûment pelés ou écorcés (*c*).

37. Toute contravention aux clauses et conditions du cahier des charges, relativement au mode d'abattage des arbres et au nettoiement des coupes, sera punie d'une amende qui ne pourra être moindre de cinquante francs ni excéder cinq cents francs, sans préjudice des dommages-intérêts (*d*). — F. 28, 41. — O. F. 82.

38. Les agens forestiers indiqueront, par écrit, aux adjudicataires, les lieux où il pourra être établi des fosses ou fourneaux pour charbon, des loges ou des ateliers; il n'en pourra être placé ailleurs, sous peine, contre l'adjudicataire, d'une amende de cinquante francs pour chaque fosse ou fourneau, loge ou atelier établi en contravention à cette disposition (*e*).—F. 42.

39. La traite des bois se fera par les chemins désignés au cahier des charges, sous peine, contre ceux qui en pratiqueraient de nouveaux, d'une amende dont le *minimum* sera de cinquante francs et le *maximum* de deux cents francs, outre les dommages-intérêts. — F. 147, 202 s. — O. F. 82.

(*a*) ÉDIT *août* 1669, *tit.* **XXXII.**

ART. 4. Pour étalons, baliveaux, parois, arbres de lisière et autres arbres de réserve, cinquante livres; pour pied cornier marqué de notre marteau, abattu, cent livres; et deux cents livres pour pied cornier arraché ou déplacé : réduisons néanmoins l'amende pour baliveaux de l'âge du taillis au-dessous de vingt ans à dix livres.

(*b*) *Voyez* dans mon édition in-8º, Edit août 1669, tit. **xv,** art. 46.

(*c*) *Voyez* dans mon édition in-8º, Edit août 1669, tit. **xxvii,** art. 22, 28.

(*d*) Les articles 42, 43, 44 et 45 du titre **xv** de l'édit d'août 1669, sur les eaux et forêts, indiquent comment les arbres des coupes doivent être abattus et avec quels instrumens.

(*e*) *Voyez* dans mon édition in-8º, Edit août 1669, tit. **xxvii,** art. 19, 20, 21, 22, 29.

40. La coupe des bois et la vidange des ventes seront faites dans les délais fixés par le cahier des charges, à moins que les adjudicataires n'aient obtenu de l'administration forestière une prorogation de délai, à peine d'une amende de cinquante francs à cinq cents francs, et, en outre, des dommages-intérêts, dont le montant ne pourra être inférieur à la valeur estimative des bois restés sur pied ou gisans sur les coupes. — Il y aura lieu à la saisie de ces bois, à titre de garantie pour les dommages-intérêts (*a*). — F. 41. — O. F. 96.

41. A défaut, par les adjudicataires, d'exécuter, dans les délais fixés par le cahier des charges, les travaux que ce cahier leur impose, tant pour relever et faire façonner les ramiers, et pour nettoyer les coupes des épines, ronces et arbustes nuisibles, selon le mode prescrit à cet effet, que pour les réparations des chemins de vidange, fossés, repiquement de places à charbon et autres ouvrages à leur charge, ces travaux seront exécutés à leurs frais, à la diligence des agens forestiers, et sur l'autorisation du préfet, qui arrêtera ensuite le mémoire des frais et le rendra exécutoire contre les adjudicataires pour le paiement. — F. 40. — O. F. 82.

42. Il est défendu à tous adjudicataires, leurs facteurs et ouvriers, d'allumer du feu ailleurs que dans leurs loges ou ateliers, à peine d'une amende de dix à cent francs, sans préjudice de la réparation du dommage qui pourrait résulter de cette contravention (*b*).

43. Les adjudicataires ne pourront déposer dans leurs ventes d'autres bois que ceux qui en proviendront, sous peine d'une amende de cent à mille francs (*c*).

44. Si, dans le cours de l'exploitation ou de la vidange, il était dressé des procès-verbaux de délits ou vices d'exploitation, il pourra y être donné suite sans attendre l'époque du récolement. — Néanmoins, en cas d'insuffisance d'un premier procès-verbal, sur lequel il ne sera pas intervenu de jugement, les agens forestiers pourront, lors du récolement, constater par un nouveau procès-verbal les délits et contraventions.

45. Les adjudicataires, à dater du permis d'exploiter, et jusqu'à ce qu'ils aient obtenu leur décharge, sont responsables de tout délit forestier commis dans leurs ventes et à l'ouïe de la cognée, si leurs facteurs ou gardes-ventes n'en font leurs rapports, lesquels doivent être remis à l'agent forestier dans le délai de cinq jours. — F. 28, 31, 46, 185. — O. F. 93.

46. Les adjudicataires et leurs cautions seront responsables et contraignables par

---

(*a*) *Voyez* dans mon édition in-octavo, Edit août 1669, titre xv, articles 40, 41, 47.

(*b*) *Voyez* dans mon édition in-8°, Edit août 1669, tit. xxvii, art. 32.

(*c*) *Voyez* dans mon édition in-8°, Edit août 1669, tit. xv, art. 48.

corps au paiement des amendes et restitutions encourues pour délits et contraventions commis, soit dans la vente, soit à l'ouïe de la cognée, par les facteurs , gardes – ventes, ouvriers, bûcherons, voituriers, et tous autres employés par les adjudicatires (*a*). — F. 28, 31, 46. — P. 52.

SECTION V.
Des Réarpentages et Récolemens.

47. Il sera procédé au réarpentage et au récolement de chaque vente, dans les trois mois qui suivront le jour de l'expiration des délais accordés pour la vidange des coupes. — Ces trois mois écoulés, les adjudicataires pourront mettre en demeure l'administration par acte extrajudiciaire signifié à l'agent forestier local; et si, dans le mois après la signification de cet acte, l'administration n'a pas procédé au réarpentage et au récolement , l'adjudicataire demeurera libéré (*b*). — F. 45 s., 48 s., 185. — O. F. 97 s.

48. L'adjudicataire ou son cessionnaire sera tenu d'assister au récolement; et il lui sera, à cet effet, signifié, au moins dix jours d'avance, un acte contenant l'indication des jours où se feront le réarpentage et le récolement; faute par lui de se trouver sur les lieux ou de s'y faire

représenter, les procès-verbaux de réarpentage et de récolement seront réputés contradictoires. — F. 27, 173. — Supp. *Enregistr.*, L. 22 frim. an VII, art. 70.

49. Les adjudicataires auront le droit d'appeler un arpenteur de leur choix pour assister aux opérations du réarpentage : à défaut par eux d'user de ce droit, les procès-verbaux de réarpentage n'en seront pas moins réputés contradictoires (*c*). — O. F. 97.

50. Dans le délai d'un mois après la clôture des opérations, l'administration et l'adjudicataire pourront requérir l'annulation du procès-verbal pour défaut de forme ou pour fausse énonciation. — Ils se pourvoiront, à cet effet , devant le conseil de préfecture, qui statuera. — En cas d'annulation du procès-verbal, l'administration pourra, dans le mois qui suivra, y faire suppléer par un nouveau procès-verbal. — F. 51.

51. À l'expiration des délais fixés par l'article 50, et si l'administration n'a élevé aucune contestation, le préfet délivrera à l'adjudicataire la décharge d'exploitation (*d*). — O. F. 99.

52. Les arpenteurs seront passibles de tous dommages-intérêts par suite des erreurs qu'ils auront commises, lorsqu'il en résultera une diffé-

---

(*a*) *Voyez* dans mon édition n-8°, note *b*.

(*b*) *Voyez* dans mon édition in-8°, note *a*.

(*c*) *Voyez* dans mon édition in-8°, note *b*.

(*d*) *Voyez* dans mon édition in-8°, note *a*.

(*e*) *Voyez* dans mon édition in-8°, Décret 15-29 septembre 1791, titre IX, article 15.

rence d'un vingtième de l'étendue de la coupe. — Sans préjudice de l'application, s'il y a lieu, des dispositions de l'article 207 (a). — O. F. 97.

SECTION VI.

Des Adjudications de Glandée, Panage et Paisson.

53. Les formalités prescrites par la section III du présent titre, pour les adjudications des coupes de bois, seront observées pour les adjudications de glandée, panage et paisson. — Toutefois, dans les cas prévus par les articles 18 et 19, l'amende infligée aux fonctionnaires et agens sera de cent francs au plus, et celle qui aura été encourue par l'acquéreur sera égale au montant du prix de la vente (b). — F. 17 s. — O. F. 84 s., 100.

54. Les adjudicataires ne pourront introduire dans les forêts un plus grand nombre de porcs que celui qui sera déterminé par l'acte d'adjudication, sous peine d'une amende double de celle qui est prononcée par l'article 199. — F. 55 s., 77.

55. Les adjudicataires seront tenus de faire marquer les porcs d'un fer chaud, sous peine d'une amende de trois francs par chaque porc qui ne serait point marqué. — Ils devront déposer l'empreinte de cette marque au greffe du tribunal, et le fer servant à la marque au bureau de l'agent forestier local, sous peine de cinquante francs d'amende. — F. 73, 74.

56. Si les porcs sont trouvés hors des cantons désignés par l'acte d'adjudication, ou des chemins indiqués pour s'y rendre, il y aura lieu, contre l'adjudicataire, aux peines prononcées par l'article 199. En cas de récidive, outre l'amende encourue par l'adjudicataire, le pâtre sera condamné à un emprisonnement de cinq à quinze jours. — F. 76.

57. (Ainsi modifié; L. 18 juin 1859). Il est défendu aux adjudicataires d'abattre, de ramasser ou d'emporter des glands, faines ou autres fruits, semences ou productions des forêts, sous peine d'une amende double de celle qui est prononcée par l'article 144. — Il pourra en outre être prononcé un emprisonnement de trois jours au plus (c).

SECTION VII.

Des Affectations à titre particulier dans les Bois de l'Etat.

58. Les affectations de coupes de bois ou délivrances, soit par stères, soit par pieds d'arbre, qui ont été concédées à des communes, à des établissemens industriels ou à des particuliers, nonobstant les prohibitions établies par les lois et les ordonnances alors existantes,

---

(a) *Voyez* dans mon édition in-8º, Edit août 1669, tit. **xv**, art. 10; Décr. 15-29 sept. 1791, tit. **xiv**, art. 8.

(b) *Voyez* dans mon édition in-8º, Edit août 1669, tit. **xviii**, art. 1 et 2.

(c) L'ancien article 57 ne contenait que le premier § du nouvel article.

continueront d'être exécutées jusqu'à l'expiration du terme fixé par les actes de concession, s'il ne s'étend pas au delà du 1er septembre 1837. — Les affectations faites au préjudice des mêmes prohibitions, soit à perpétuité, soit sans indication de termes, ou à des termes plus éloignés que le 1er septembre 1837, cesseront à cette époque d'avoir aucun effet. — Les concessionnaires de ces dernières affectations qui prétendraient que leur titre n'est pas atteint par les prohibitions ci-dessus rappelées, et qu'il leur confère des droits irrévocables, devront, pour y faire statuer, se pourvoir devant les tribunaux, dans l'année qui suivra la promulgation de la présente loi, sous peine de déchéance. — Si leur prétention est rejetée, ils jouiront néanmoins des effets de la concession, jusqu'au terme fixé par le second paragraphe du présent article. — Dans le cas où leur titre serait reconnu valable par les tribunaux, le gouvernement, quelles que soient la nature et la durée de l'affectation, aura la faculté d'en affranchir les forêts de l'Etat, moyennant un cantonnement qui sera reglé de gré à gré, ou, en cas de contestation, par les tribunaux, pour tout le temps que devait durer la concession. L'action en cantonnement ne pourra pas être exercée par les concessionnaires. — O. F. 109-111.

59. Les affectations faites pour le service d'une usine cesseront en entier, de plein droit et sans retour, si le roulement de l'usine est arrêté pendant deux années consécutives, sauf les cas d'une force majeure dûment constatée.

60. A l'avenir, il ne sera fait dans les bois de l'Etat aucune affectation ou concession de la nature de celles dont il est question dans les deux articles précédens (*a*). — F. 89.

SECTION VIII.

Des Droits d'usage dans les Bois de l'Etat.

61. Ne seront admis à exercer un droit d'usage quelconque dans les bois de l'Etat, que ceux dont les droits auront été, au jour de la promulgation de la présente loi, reconnus fondés, soit par des actes du gouvernement, soit par des jugemens ou arrêts définitifs, ou seront reconnus tels par suite d'instances administratives ou judiciaires actuellement engagées, ou qui seraient intentées devant les tribunaux, dans le délai de deux ans, à dater du jour de la promulgation de la présente loi, par des usagers actuellement en jouissance (*b*). — F. 62 s., 118, 149.

62. Il ne sera plus fait, à l'avenir, dans les forêts de l'Etat, aucune concession de droits d'usage, de quelque nature et sous quelque prétexte que ce puisse être. — F. 88, 89, 112, 113.

63. Le gouvernement

(*a*) *Voyez* dans mon édition in-8°, Edit août 1669, tit. XX, art. 11.

(*b*) *Voyez* dans mon édition in-8°, les textes rapportés sous la note *b*.

pourra affranchir les forêts de l'État de tout droit d'usage en bois, moyennant un cantonnement qui sera réglé de gré à gré, et, en cas de contestation, par les tribunaux. — L'action en affranchissement d'usage par voie de cantonnement, n'appartiendra qu'au gouvernement et non aux usagers (*a*). — F. 58, 111, 118. — O. F. 112-115.

64. Quant aux autres droits d'usage quelconques et aux pâturage, panage et glandée dans les mêmes forêts, ils ne pourront être convertis en cantonnement ; mais ils pourront être rachetés moyennant des indemnités qui seront réglées de gré à gré, ou, en cas de contestation, par les tribunaux. — Néanmoins le rachat ne pourra être requis par l'administration, dans les lieux où l'exercice du droit de pâturage est devenu d'une absolue nécessité pour les habitans d'une ou de plusieurs communes. Si cette nécessité est contestée par l'administration forestière, les parties se pourvoiront devant le conseil de préfecture, qui, après une enquête *de commodo et incommodo*, statuera sauf le recours au conseil d'État (*b*). — O. F. 116.

65. Dans toutes les forêts de l'État qui ne sont point affranchies au moyen du cantonnement ou de l'indemnité, conformément aux articles 63 et 64 ci-dessus, l'exercice des droits d'usage pourra toujours être réduit par l'administration, suivant l'état et la possibilité des forêts, et n'aura lieu que conformément aux dispositions contenues aux articles suivans. — En cas de contestation sur la possibilité et l'état des forêts, il y aura lieu à recours au conseil de préfecture (*c*).—O.F. 117,119.

66. La durée de la glandée et du panage ne pourra excéder trois mois. — L'époque de l'ouverture en sera fixée chaque année par l'administration forestière. — F. 119. — O. F. 119.

67. Quels que soient l'âge ou l'essence des bois, les usagers ne pourront exercer leurs droits de pâturage et de panage que dans les cantons qui auront été déclarés défensables par l'administration forestière, sauf le recours au conseil de préfecture ; et ce nonobstant toutes possessions contraires (*d*). — F. 119. — O. F. 117.

68. L'administration forestière fixera, d'après les droits des usagers, le nombre des porcs qui pourront être mis en panage et des bestiaux qui pourront être admis au pâturage. — F. 7ᵐ - O. F. 118, 119.

69. Chaque année, avant le 1ᵉʳ mars pour le pâturage, et un mois avant l'époque fixée par l'administration forestière pour l'ouverture de la

---

(*a*) *Voyez* dans mon édition in-8°, note *a*.

(*b*) *Voyez* dans mon édition in-8°, Décr. 28 sept.-6 oct. 1791, tit. I, sect. IV, art. 8.

(*c*) *Voyez* dans mon édition in-8°, Ord. juill. 1376, art. 29 et 30; Édit août 1669, tit. xx, art. 5.

(*d*) *Voyez* dans mon édition in-8°, Ordonnance 2 juin 1319, art. 15.

glandée et du panage, les agens forestiers feront connaître aux communes et aux particuliers jouissant des droits d'usage, les cantons déclarés défensables, et le nombre des bestiaux qui seront admis au pâturage et au panage. — Les maires seront tenus d'en faire la publication dans les communes usagères (a). — F. 65 s. — O. F. 118, 119.

70. Les usagers ne pourront jouir de leurs droits de pâturage et de panage que pour les bestiaux à leur propre usage, et non pour ceux dont ils font commerce, à peine d'une amende double de celle qui est prononcée par l'article 199 (b). — F. 67 s., 120.

71. Les chemins par lesquels les bestiaux devront passer pour aller au pâturage ou au panage et en revenir, seront désignés par les agens forestiers. — Si ces chemins traversent des taillis ou des recrus de futaies non défensables, il pourra être fait, à frais communs entre les usagers et l'administration, et d'après l'indication des agens forestiers, des fossés suffisamment larges et profonds, ou toute autre clôture, pour empêcher les bestiaux de s'introduire dans les bois (c). — F. 65, 67, 76, 119, 121.

72. Le troupeau de chaque commune ou section de commune devra être conduit par un ou plusieurs pâtres communs, choisis par l'autorité municipale; en conséquence, les habitans des communes usagères ne pourront ni conduire eux-mêmes ni faire conduire leurs bestiaux à garde séparée, sous peine de deux francs d'amende par tête de bétail. — Les porcs ou bestiaux de chaque commune

---

(a) *Voyez* dans mon édition in-8º, Edit août 1669, tit. **XIX**, art. 3, 4.

(b) *Voyez* dans mon édition in-8º, Edit août 1669, tit. **xix**, art. 14.

(c) EDIT *août* 1669, *tit.* **xix**.

ART. 6. Tous les bestiaux appartenant aux usagers d'une même paroisse ou hameau, ayant droit d'usage, seront marqués d'une même marque, dont l'empreinte sera mise au greffe, avant que de les pouvoir envoyer au pâturage, et chacun jour assemblés en un lieu qui sera destiné pour chacun bourg, village ou hameau, en un seul troupeau, et conduit par un seul chemin, qui sera désigné par les officiers de la maîtrise, le plus commode et le mieux défendu; sans qu'il soit permis de changer et prendre une autre route allant et retournant; à peine de confiscation des bestiaux, amende arbitraire contre les propriétaires des bestiaux, et de punition exemplaire contre les pâtres et gardes.

12. S'il y avait de jeunes rejets en futaie ou taillis le long des routes ou chemins où les bestiaux passeront pour aller ès lieux destinés au pâturage, en sorte que le brout ne se pût sûrement empêcher, les officiers tiendront la main à ce qu'il soit fait des fossés suffisamment larges et profonds pour leur conservation, ou les anciens relevés et entretenus aux frais et dépens des communautés usagères, par contribution, à proportion du nombre des bêtes qu'ils envoyeront en pâturage.

ou section de commune usagère formeront un troupeau particulier et sans mélange de bestiaux d'une autre commune ou section, sous peine d'une amende de cinq à dix francs contre le pâtre, et d'un emprisonnement de cinq à dix jours en cas de récidive. — Les communes et sections de commune seront responsables des condamnations pécuniaires qui pourront être prononcées contre lesdits pâtres ou gardiens, tant pour les délits et contraventions prévus par le présent titre, que pour tous autres délits forestiers commis par eux pendant le temps de leur service et dans les limites du parcours (*a*). — F. 120, 206. — C. 1384. — O. F. 120.

73. Les porcs et bestiaux seront marqués d'une marque spéciale. — Cette marque devra être différente pour chaque commune ou section de commune usagère. — Il y aura lieu, par chaque tête de porc ou de bétail non marqué, à une amende de trois francs. — F. 55, 74 s., 120.

74. L'usager sera tenu de déposer l'empreinte de la marque au greffe du tribunal de première instance, et le fer servant à la marque, au bureau de l'agent forestier local; le tout sous peine de cinquante francs d'amende. — F. 73. — O. F. 121.

75. Les usagers mettront des clochettes au cou de tous les animaux admis au pâturage, sous peine de deux francs d'amende par chaque bête qui serait trouvée sans clochette dans les forêts (*b*).

76. Lorsque les porcs et bestiaux des usagers seront trouvés hors des cantons déclarés défensables ou désignés pour le panage, ou hors des chemins indiqués pour s'y rendre, il y aura lieu contre le pâtre à une amende de trois à trente francs. En cas de récidive, le pâtre pourra être condamné en outre à un emprisonnement de cinq à quinze jours. — F. 66, 72, 199, 200.

77. Si les usagers introduisent au pâturage un plus grand nombre de bestiaux ou au panage un plus grand nombre de porcs que celui qui aura été fixé par l'administration conformément à l'article 68, il y aura lieu, pour l'excédant, à l'application des peines prononcées par l'article 199.

78. Il est défendu à tous usagers, nonobstant tous titres et possessions contraires, de conduire ou faire conduire des chèvres, brebis ou moutons dans les forêts ou sur les terrains qui en dépendent, à peine contre les propriétaires, d'une amende qui sera double de celle qui est prononcée par l'article 199, et contre les pâtres ou bergers,

---

(*a*) Voyez dans mon édition in-8º, Édit août 1669, tit. **xix**, art. 3, 8, 9.

(*b*) Édit *août* 1669, *tit.* **xix**. Art. 7. Les particuliers seront tenus de mettre au col de leurs bestiaux des clochettes, dont le son puisse avertir des lieux où ils pourront s'échapper, et faire dégât, afin que les pâtres y courent, et que les gardes se saisissent des bêtes écartées et trouvées en dommage hors les cantons désignés et publiés défensables.

de quinze francs d'amende. En cas de récidive, le pâtre sera condamné, outre l'amende, à un emprisonnement de cinq à quinze jours. — Ceux qui prétendraient avoir joui du pacage ci-dessus en vertu de titres valables ou d'une possession équivalente à titre, pourront, s'il y a lieu, réclamer une indemnité qui sera réglée de gré à gré, ou, en cas de contestation, par les tribunaux. — Le pacage des moutons pourra néanmoins être autorisé, dans certaines localités, par des ordonnances du Roi (a).

79. Les usagers qui ont droit à des livraisons de bois, de quelque nature que ce soit, ne pourront prendre ces bois qu'après que la délivrance leur en aura été faite par les agens forestiers, sous les peines portées par le tit. XII pour les bois coupés en délit (b). — F. 65, 192 s. — O. F. 122, 123.

80. Ceux qui n'ont d'autre droit que celui de prendre le bois mort, sec et gisant, ne pourront, pour l'exercice de ce droit, se servir de crochets ou ferremens d'aucune espèce, sous peine de trois francs d'amende (c).

81. Si les bois de chauffage se délivrent par coupe, l'exploitation en sera faite, aux frais des usagers, par un entrepreneur spécial nommé par eux et agréé par l'administration forestière. — Au-

cun bois ne sera partagé sur pied ni abattu par les usagers individuellement, et les lots ne pourront être faits qu'après l'entière exploitation de la coupe, à peine de confiscation de la portion de bois abattu afférente à chacun des contrevenans. — Les fonctionnaires ou agens qui auraient permis ou toléré la contravention seront passibles d'une amende de cinquante francs, et demeureront en outre personnellement responsables, et sans aucun recours, de la mauvaise exploitation et de tous les délits qui pourraient avoir été commis. — O. F. 122.

82. Les entrepreneurs de l'exploitation des coupes délivrées aux usagers se conformeront à tout ce qui est prescrit aux adjudicataires pour l'usance et la vidange des ventes; ils seront soumis à la même responsabilité et passibles des mêmes peines en cas de délits ou contraventions. — Les usagers ou communes usagères seront garans solidaires des condamnations prononcées contre lesdits entrepreneurs. — F. 29 s., 185. — O. F. 92 s.

83. Il est interdit aux usagers de vendre ou d'échanger les bois qui leur sont délivrés, et de les employer à aucune autre destination que celle pour laquelle le droit d'usage a été accordé. — S'il s'agit de bois de chauffage, la contravention donnera lieu à

(a) *Voyez* dans mon édition in-8°, Edit août 1669, tit. IX, article 13; et le Décret du 17 nivôse an XIII (7 janvier 1805).

(b) *Voyez* dans mon édition in-8°, Edit de janvier 1583 art. 2.

(c) *Voyez* dans mon édition in-8°, Edit août 1669, tit. XXVII, art. 33; et la proclamation du Roi du 3 nov. 1789.

une amende de dix à cent francs. — S'il s'agit de bois à bâtir ou de tout autre bois non destiné au chauffage, il y aura lieu à une amende double de la valeur des bois, sans que cette amende puisse être au-dessous de cinquante francs (a). — O. F. 123.

84. L'emploi des bois de construction devra être fait dans un délai de deux ans, lequel néanmoins pourra être prorogé par l'administration forestière. Ce délai expiré, elle pourra disposer des arbres non employés. — F. 83.

85. Les défenses prononcées par l'article 57 sont applicables à tous usagers quelconques, et sous les mêmes peines. — F. 144.

TITRE QUATRIÈME.

DES BOIS ET FORÊTS QUI FONT PARTIE DU DOMAINE DE LA COURÓNNE.

86. Les bois et forêts qui font partie du domaine de la Couronne, sont exclusivement régis et administrés par le ministre de la maison du Roi, conformément aux dispositions de la loi du 8 novembre 1814. — F. 1, 87 s. — O. F. 124.

87. Les agens et gardes des forêts de la Couronne sont en tout assimilés aux agens et gardes de l'administration forestière, tant pour l'exercice de leurs fonctions que pour la poursuite des délits et contraventions. — O. F. 124.

88. Toutes les dispositions de la présente loi qui sont applicables aux bois et forêts du domaine de l'État, le sont également aux bois et forêts qui font partie du domaine de la Couronne, sauf les exceptions qui résultent de l'article 86 ci-dessus.

TITRE CINQUIÈME.

DES BOIS ET FORÊTS QUI SONT POSSÉDÉS A TITRE D'APANAGE
OU DE MAJORATS RÉVERSIBLES A L'ÉTAT.

89. Les bois et forêts qui sont possédés par les princes à titre d'apanage, ou par des particuliers à titre de majo-

---

(a) ORD. *mars* 1515. ART. 68. Les verdiers ou maistres sergens qui ores sont, seront tenus jurer aux maistres des forests, qu'ils ne souffriront que nuls de ceux à qui nous donnons bois, en puissent vendre ne donner, ne permutter aucune chose du bois qui leur sera donné, ne converti qu'à tel usage; comme nous lui aurons donné, et si lesdits verdiers ou maistres sergens le souffrent faire, ils feront amende volontaire, et si perdront leurs services : et quand il adviendra que nous donnerons aucune verderie, ou maistre sergenterie à aucun sergent, icelui jurera devant celui qui rendra les lettres, en propre personne, qu'il tiendra les ordonnances devant dites de poinct en poinct, en la manière et à la peine dessus dite.

rats réversibles à l'Etat, sont soumis au régime forestier, quant à la propriété du sol et à l'aménagement des bois. En conséquence, les agens de l'administration forestière y seront chargés de toutes les opérations relatives à la délimitation, au bornage et à l'aménagement, conformément *aux dispositions des sections* 1re et II du titre III de la présente loi. — Les articles 60 et 62 sont également applicables à ces bois et forêts. — L'administration forestière y fera faire les visites et opérations qu'elle jugera nécessaires pour s'assurer que l'exploitation est conforme à l'aménagement, et que les autres dispositions du présent titre sont exécutées. — **F. 1.** — O. F. 125-127.

TITRE SIXIÈME.

DES BOIS DES COMMUNES ET DES ÉTABLISSEMENS PUBLICS.

90. Sont soumis au régime forestier, d'après l'article 1er de la présente loi, *les bois taillis ou futaies* appartenant aux communes et aux établissemens publics, *qui auront été reconnus susceptibles d'aménagement ou d'une exploitation régulière, par l'autorité administrative,* sur la proposition de l'administration forestière, et d'après l'avis des conseils municipaux ou des administrateurs des établissemens publics. — Il sera procédé dans les mêmes formes à tout *changement qui pourrait être* demandé, soit de l'aménagement, soit du mode d'exploitation. — En conséquence, toutes les dispositions des six premières sections du titre III leur sont applicables, sauf les modifications et exceptions portées au présent titre. — Lorsqu'il s'agira de la conversion en bois et de l'aménagement de terrains en pâturages, *la proposition de l'administration forestière sera communiquée au maire ou aux administrateurs des établissemens publics.* — Le conseil municipal ou ces administrateurs seront appelés à en délibérer; en cas de contestation, il sera statué par le conseil de préfecture, sauf le pourvoi au conseil d'Etat (*a*).—O. F.128 s.

---

a) Édit *août* 1669, *tit.* xxiv. Art. 9. Sera tenu l'adjudicataire *(des bois appartenant aux ecclésiastiques et gens de mainmorte)* d'observer en l'exploitation tout ce qui est prescrit pour celle de nos bois par la présente ordonnance, et de faire procéder au récolement aussitôt que le terme de vidange sera expiré, à peine d'amende arbitraire, et de demeurer chargé des délits qui se commettront dans la vente et dans les repousses, sans recours ni modération.

10. Tous les contrats, lettres, procès-verbaux, et autres actes concernant les visites, estimations, devis, permissions, assiettes, martelages, adjudications, récolemens et réceptions d'ouvrages, seront mis et enregistrés tant au greffe du grand-maître qu'en celui de la maîtrise, pour

91. Les communes et établissemens publics ne peuvent faire aucun défrichement de leurs bois, sans une autorisation expresse et spéciale du gouvernement; ceux qui l'auraient ordonné ou effectué sans cette autorisation seront passibles des peines portées au titre XV contre les particuliers, pour les contraventions de même nature.—F. 220.

92. La propriété des bois communaux ne peut jamais donner lieu à partage entre les habitans. — Mais lorsque deux ou plusieurs communes possèdent un bois par indivis, chacune conserve le droit d'en provoquer le partage (a).— C. 815.

93. Un quart des bois appartenant aux communes et aux établissemens publics sera toujours mis en réserve, lorsque ces communes ou établissemens posséderont 'au moins dix hectares de bois réunis ou divisés. — Cette disposition n'est pas applicable aux bois peuplés totalement en arbres résineux (b). — O. F. 137, 140.

94. Les communes et établissemens publics entretiendront, pour la conservation de leurs bois, le nombre de gardes particuliers qui sera déterminé par le maire et les administrateurs des établissemens, sauf l'approbation du préfet, sur l'avis de l'administration forestière (c).

95. Le choix de ces gardes sera fait, pour les communes, par le maire, sauf l'approbation du conseil municipal; et pour les établissemens publics, par les administrateurs de ces établissemens. — Ces choix doivent être agréés par l'administration forestière, qui délivre aux gardes leurs commissions. — En cas de dissentiment le préfet prononcera (1).

96. A défaut, par les

---

y avoir recours, quand besoin sera.

12. Pourront nos officiers visiter quand bon leur semblera, sans aucuns frais ni droits, les eaux, bois et forêts des ecclésiastiques, commandeurs, hôpitaux et communautés; et s'ils y trouvent des malversations, abus ou contraventions à l'ordonnance, ils en feront leurs procès-verbaux, sur lesquels sera pourvu par le grand-maître en connaissance de cause.

TIT. XXV, art. 16. Pourront nos officiers faire visite quand bon leur semblera, dans les bois des paroisses, pour connaître de la bonne ou mauvaise exploitation; et s'ils y trouvaient des délits, abus, négligences ou malversations du fait des particu-

liers ou des officiers, gardes et syndics, les réprimeront par amendes et peines, suivant la rigueur de nos ordonnances; auquel cas ils auront leurs droits et vacations sur les amendes et restitutions adjugées suivant la taxe qui en sera faite par le grand-maître.

(a) *Voyez* dans mon édition in-8, tous les textes rapportés note *a.*

(b) *Voyez* dans mon édition in-8°, Edit août 1669, tit. XXIV, article 2; et titre XXV, article 2.

(c) *Voyez* dans mon édition in-8°, les textes rapportés, note *a.*

(1) Abrogé, décret 25 mars 1852, art. 5 principium paragraphe 20.

communes ou établissemens publics, de faire choix d'un garde dans le mois de la vacance de l'emploi, le préfet y pourvoira, sur la demande de l'administration forestière (1).

97. Si l'administration forestière et les communes ou établissemens publics jugent convenable de confier à un même individu la garde d'un canton de bois appartenant à des communes ou établissemens publics, et d'un canton de bois de l'Etat, la nomination du garde appartient à cette administration seule. Son salaire sera payé proportionnellement par chacune des parties intéressées (b).

98. L'administration forestière peut suspendre de leurs fonctions les gardes des bois des communes et des établissemens publics ; s'il y a lieu à destitution, le préfet la prononcera, après avoir pris l'avis du conseil municipal ou des administrateurs des établissemens propriétaires, ainsi que de l'administration forestière. — Le salaire de ces gardes est réglé par le préfet, sur la proposition du conseil municipal ou des établissemens propriétaires (c).

99. Les gardes des bois des communes et des établissemens publics sont en tout assimilés aux gardes des bois de l'Etat, et soumis à l'autorité des mêmes agens ; ils prêtent serment dans les mêmes formes, et leurs procès-verbaux font également foi en justice pour constater les délits et contraventions commis même dans les bois soumis au régime forestier autres que ceux dont la garde leur est confiée (d).

100. Les ventes des coupes, tant ordinaires qu'extraordinaires, seront faites à la diligence des agens forestiers , dans les mêmes formes que pour les bois de l'Etat, et en présence du maire ou d'un adjoint, pour les bois des communes, et d'un des administrateurs pour ceux des établissemens publics ; sans toutefois que l'absence des maires ou administrateurs, dûment appelés, entraine la nullité des opérations.—Toute vente ou coupe effectuée par l'ordre des maires des communes ou des administrateurs des établissemens publics en contravention au présent article, donnera lieu contre eux à une amende qui ne pourra être au - dessous de trois cents francs, ni excéder six mille francs, sans préjudice des dommages-intérêts qui pourraient être dus aux communes ou établissemens propriétaires. — Les ventes ainsi effectuées seront déclarées nulles (e). — F. 17-19, 101 s. — O. F. 84 s., 134, 140.

101. Les incapacités et

---

(1) Cet article 96 a été abrogé par le décret du 5 mars 1852, article 5 principium et paragraphe 20.

(b) *Voyez* dans mon édition in-8º, L. 9 floréal, an XI, art. 11.

(c) *Voyez* dans mon édition in-octavo, L. 9 floréal an XI, art. 14.

(d) *Voyez* dans mon édition in-octavo, les textes rapportés note b.

(e) *Voyez* dans mon édition in-octavo, les textes rapportés note c.

défenses prononcées par l'article 21 sont applicables aux maires, adjoints et receveurs des communes, ainsi qu'aux administrateurs et receveurs des établissemens publics, pour les ventes des bois des communes et établissemens dont l'administration leur est confiée. — En cas de contravention, ils seront passibles des peines prononcées par le paragraphe 1er de l'article précité, sans préjudice des dommages - intérêts, s'il y a lieu; et les ventes seront déclarées nulles. — C. 1596.

102. Lors des adjudications des coupes ordinaires et extraordinaires des bois des établissemens publics, il sera fait réserve en faveur de ces établissemens, et suivant les formes qui seront prescrites par l'autorité administrative, de la quantité de bois, tant de chauffage que de construction, nécessaire pour leur propre usage. — Les bois ainsi délivrés ne pourront être employés qu'à la destination pour laquelle ils auront été réservés, et ne pourront être vendus ni échangés sans l'autorisation du préfet. Les administrateurs qui auraient consenti de pareilles ventes ou échanges, seront passibles d'une amende égale à la valeur de ces bois, et de la restitution, au profit de l'établissement public, de ces mêmes bois ou de leur valeur. Les ventes ou échanges

seront en outre déclarés nuls — F. 83, 84, 112. — O. F. 142.

103. Les coupes des bois communaux destinées à être partagées en nature pour l'affouage des habitans, ne pourront avoir lieu qu'après que la délivrance en aura été préalablement faite par les agens forestiers, et en suivant les formes prescrites par l'art. 81, pour l'exploitation des coupes affouagères délivrées aux communes dans les bois de l'Etat; le tout sous les peines portées par ledit art. — F. 79-92, 104, 105, 109. — O. F. 122, 141, 146.

104. Les actes relatifs aux coupes et arbres délivrés en nature, en exécution des deux articles précédens, seront visés pour timbre et enregistrés en débet, et il n'y aura lieu à la perception des droits que dans le cas de poursuites devant les tribunaux.

105. (*Loi du 25 juin* 1874). S'il n'y a titre ou usage contraire, le partage des bois d'affouage se fera par feu, c'est-à-dire par chef de famille ou de maison ayant domicile réel et fixe dans la commune. L'étranger qui remplira ces conditions ne pourra être appelé au partage qu'après avoir été autorisé, conformément à l'art. 13 du C. civ. à établir son domicile en France. S'il n'y a également titre ou usage contraire, la valeur des arbres délivrés pour constructions ou réparations sera estimée à dire d'experts et payée à la commune(*a*).

(*a*) Edit *août* 1669, *tit.* **XXV.** Art. 11. Les coupes seront faites à tire et aire, à fleur de terre, par gens entendus, choisis aux frais de la communauté et capables de répondre de la mauvaise exploitation, pour être ensuite distribués suivant la coutume; et en cas de plainte ou contestation sur le partage ou distribution, le grand-maître y pourvoira en faisant ses visites.

Nota. Le nouvel art. 105, ne

106. Pour indemniser l'Etat des frais d'administration des bois des communes et des établissemens publics, il sera payé, au profit du trésor, sur les produits, tant principaux qu'accessoires, de ces bois, cinq centimes par franc en sus du prix principal de leur adjudication ou cession. — Quant aux produits délivrés en nature, il sera perçu, par le trésor, le vingtième de leur valeur, laquelle sera fixée définitivement par le préfet, sur les propositions des agens forestiers et les observations des conseils municipaux et des administrateurs (*a*).— F. 107.

107. Moyennant les perceptions ordonnées par l'article précédent, toutes les opérations de conservation et de régie dans les *bois des communes* et des établissemens publics seront faites par les agens et préposés de l'administration forestière, sans aucuns frais. — Les poursuites, dans l'intérêt des communes et des établissemens publics, pour délits ou contraventions commis dans leurs bois, et la perception des restitutions et dommages-intérêts prononcés en leur faveur, seront effectuées sans frais par les agens du gouvernement, en même temps que celles qui ont pour objet le recouvrement des amendes dans l'intérêt de l'Etat. — En conséquence, il n'y aura lieu à exiger à l'avenir des communes et établissemens publics, ni aucun droit de vacation, d'arpentage, de réarpentage, de décime, de prélèvement quelconque, pour les agens et préposés de l'administration forestière, ni le remboursement soit des frais des instances dans lesquelles l'administration succomberait, soit de ceux qui tomberaient en non-valeurs par l'insolvabilité des condamnés (1). — O. F. 35.

---

diffère de l'ancien que par l'alinéa relatif aux droits de l'étranger.

Arr. 19 *frim. an X.*

Art. 1er. L'arrêté du représentant du peuple *Saladin*, en date du 22 prairial an iii, est annulé.

2. Le partage des bois communaux d'affouage, autres que les futaies, dans le département de la Haute-Saône, et dans tous ceux où l'affouage a lieu, se fera par tête d'habitant, conformément à la déclaration du 13 juin 1724 et à la loi du 28 niv. an ii.

(*a*) Ancien art. 106. Pour indemniser le gouvernement des frais d'administration des bois des communes ou établissemens publics, il sera ajouté annuellement à la contribution foncière établie sur ces bois, une somme équivalente à ces frais. Le montant de cette somme sera réglé chaque année par la loi de finances; elle sera répartie au marc le franc de ladite contribution, et perçue de la même manière.

Nota. Cet article a été abrogé par l'article 5 de la loi du 25 juin 1841, portant fixation du budget des recettes de l'exercice 1842.

(1) La loi du 8 juin 1822 a prorogé jusqu'au 1er janvier 1829, l'exécution des dispositions des articles 106 et 107 du Code forestier.

108. Le salaire des gardes particuliers restera à la charge des communes et des établissemens publics. — F. 94, 109.

109. Les coupes ordinaires et extraordinaires sont principalement affectées au paiement des frais de garde, de la contribution foncière et des sommes qui reviennent au trésor en exécution de l'article 106. — Si les coupes sont délivrées en nature pour l'affouage, et que les communes n'aient pas d'autres ressources, il sera distrait une portion suffisante des coupes, pour être vendue aux enchères avant toute distribution, et le prix en être employé au paiement desdites charges (1). — O. F. 144. — C. 2095.

110. Dans aucun cas et sous aucun prétexte, les habitans des communes et les administrateurs ou employés des établissemens publics ne peuvent introduire ni faire introduire dans les bois appartenant à ces communes ou établissemens publics, des chèvres, brebis ou moutons, sous les peines prononcées par l'article 199 contre ceux qui auraient introduit ou permis d'introduire ces animaux, et par l'article 78 contre les pâtres ou gardiens. Cette prohibition n'aura son exécution que dans deux ans, à compter du jour de la publication de la présente loi, dans les bois où, nonobstant les dispositions de l'ordonnance de 1669, le pâturage des moutons a été toléré jusqu'à présent. — Toutefois le pacage des brebis ou moutons pourra être autorisé, dans certaines localités, par des ordonnances spéciales de Sa Majesté. — F. 78.

111. La faculté accordée au gouvernement par l'article 63, d'affranchir les forêts de l'Etat de tous droits d'usage en bois, est applicable, sous les mêmes conditions, aux communes et aux établissemens publics, pour les bois qui leur appartiennent. — O. F. 145.

112. Toutes les dispositions de la huitième section du titre III sur l'exercice des droits d'usage dans les bois de l'Etat sont applicables à la jouissance des communes et des établissemens publics dans leurs propres bois, ainsi qu'aux droits d'usage dont ces mêmes bois pourraient être grevés; sauf les modifications résultant du présent titre, et à l'exception des articles 61, 73, 74, 83 et 84 (a).

---

(1) Av. C. D'ÉT. 8 *avril* 1838. Considérant que la loi du 13 brum. an VII n'a exempté du droit de timbre que les quittances délivrées aux contribuables, pour contributions directes payées à l'Etat; — Qu'on ne peut reconnaître ce caractère de contributions directes dans les taxes municipales établies sur les affouages communaux; — Qu'il n'y a donc pas lieu d'appliquer aux quittances pour taxes affouagères, l'exception tirée de l'article 16 de la loi du 13 brum. an VII... Est d'avis que les quittances des taxes d'affouage ne sont pas exemptes du droit de timbre, lorsqu'elles excèdent la somme de dix francs.

(a) EDIT *août* 1669, *tit.* XXIV. ART. 11. Les mêmes amendes,

TITRE SEPTIÈME.

DES BOIS ET FORÊTS INDIVIS QUI SONT SOUMIS AU RÉGIME FORESTIER.

113. Toutes les dispositions de la présente loi relatives à la conservation et à la régie des bois qui font partie du domaine de l'Etat, ainsi qu'à la poursuite des délits et contraventions commis dans ces bois, sont applicables aux bois indivis mentionnés à l'article 1er § 6 de la présente loi, sauf les modifications portées par le titre VI pour les bois des communes et des établissemens publics. — O. F. 147-149.

114. Aucune coupe ordinaire ou extraordinaire, exploitation ou vente, ne pourra être faite par les possesseurs copropriétaires, sous peine d'une amende égale à la valeur de la totalité des bois abattus ou vendus ; toutes ventes ainsi faites seront déclarées nulles. — F. 205.

115. Les frais de délimitation, d'arpentage et de garde seront supportés par le domaine et les copropriétaires, chacun dans la proportion de ses droits. — L'administration forestière nommera les gardes, réglera leur salaire, et aura seule le droit de les révoquer.

116. Les copropriétaires auront, dans les restitutions et dommages - intérêts , la même part que dans le produit des ventes, chacun dans la proportion de ses droits.

TITRE HUITIÈME.

DES BOIS DES PARTICULIERS.

117. Les propriétaires qui voudront avoir, pour la conservation de leurs bois, des gardes particuliers , devront les faire agréer par le sous-préfet de l'arrondissement ;

---

peines et condamnations ordonnées par ces présentes pour nos eaux et forêts, auront lieu pour les eaux et forêts des ecclésiastiques, communautés et gens de main-morte, même pour la chasse et la pêche, à l'effet de quoi pourront les parties se pourvoir par-devant nos grands-maîtres et officiers des maîtrises, sans qu'aucune personne, de telle qualité qu'elle soit , soit fondée ou reçue à en décliner la juridiction.

TIT. XXV, art. 21. Toutes amendes et confiscations qui s'adjugeront pour les eaux, prés, pâtis et bois communs contre les particuliers, appartiendront au seigneur haut justicier ; et les restitutions, dommages et intérêts à la communauté, excepté les cas de réformation, dans lesquels toutes amendes et confiscations nous appartiendront, et les dommages et intérêts à la paroisse.

sauf le recours au préfet, en cas de refus. — Ces gardes ne pourront exercer leurs fonctions qu'après avoir prêté serment devant le tribunal de première instance (a). — F. 5, 99, 188, 191.—O. F. 150.

118. Les particuliers jouiront, de la même manière que le gouvernement et sous les conditions déterminées par l'article 63, de la faculté d'affranchir leurs forêts de tous droits d'usage en bois.

119. Les droits de pâturage, parcours, panage et glandée dans les bois des particuliers, ne pourront être exercés que dans les parties de bois déclarées défensables par l'administration forestière, et suivant l'état et la possibilité des forêts, reconnus et constatés par la même admi-

nistration. — Les chemins par lesquels les bestiaux devront passer pour aller au pâturage et pour en revenir seront désignés par le propriétaire (1). — F. 65, 67, 71. — O. F. 35, 151.

120. Toutes les dispositions contenues dans les articles 64, 66, § 1er; 70, 72, 73, 75, 76, 78, § 1er et 2; 79, 80, 83 et 85 de la présente loi, sont applicables à l'exercice des droits d'usage dans les bois des particuliers, lesquels y exercent, à cet effet, les mêmes droits et la même surveillance que les agens du gouvernement dans les forêts soumises au régime forestier.

121. En cas de contestation entre le propriétaire et l'usager, il sera statué par les tribunaux.

TITRE NEUVIÈME.

AFFECTATIONS SPÉCIALES DES BOIS A DES SERVICES PUBLICS.

SECTION PREMIÈRE.
Des Bois destinés au service de la marine.

122. Dans tous les bois soumis au régime forestier, lorsque des coupes devront y avoir lieu, le département de la marine pourra faire choisir et marteler par ses agens les arbres propres aux constructions navales, parmi ceux qui n'auront pas été marqués en réserve par les agens forestiers (2).

123. Les arbres ainsi

(a) *Voyez* dans mon édition in-8º, C. D. P. 3 brumaire an IV, art. 40; L. 29 flor. an XI, art. 15.

(1) *Voyez* dans mon édition in-8º, l'avis du Conseil d'Etat du 18 brumaire an XIV, approuvé le 16 frimaire. Cet avis résout diverses questions relatives aux droits de pâturage et de parcours dans les bois et forêts.

(2) OKD. 14 *déc.* 1838. ART. 1er. Le service de la surveillance des fournitures de bois de marine, *institué par notre ordonnance du 7 sept. 1832, sera supprimé à dater du 1er janvier 1839.* V. aussi Décret du 16 octobre 1858.

Nota. Les articles 2, 3 et 4 règlent le sort des agens qui étaient attachés à ce service.

marqués seront compris dans les adjudications, et livrés par les adjudicataires à la marine, aux conditions qui seront indiquées ci-après.

124. Pendant dix ans, à compter de la promulgation de la présente loi, le département de la marine exercera le droit de choix et de martelage sur les bois des particuliers, futaies, arbres de réserve, avenues, lisières et arbres épars. — Ce droit ne pourra être exercé que sur les arbres en essence de chêne, qui seront destinés à être coupés, et dont la circonférence, mesurée à un mètre du sol, sera de 15 décimètres au moins. — Les arbres qui existeront dans les lieux clos attenant aux habitations, et qui ne sont point aménagés en coupes réglées, ne seront point assujettis au martelage.

125. Tous les propriétaires seront tenus, sauf l'exception énoncée en l'article précédent, et hors le cas de besoins personnels, pour réparations et constructions, de faire, six mois d'avance, à la sous-préfecture, la déclaration des arbres qu'ils ont l'intention d'abattre, et les lieux où ils sont situés. — Le défaut de déclaration sera puni d'une amende de dix-huit francs par mètre de tour pour chaque arbre susceptible d'être déclaré.

126. Les particuliers pourront disposer librement des arbres déclarés, si la marine ne les a pas fait marquer pour son service, dans les six mois à compter du jour de l'enregistrement de la déclaration à la sous-préfecture. — Les agens de la marine seront te-

nus, à peine de nullité de leur opération, de dresser des procès-verbaux de martelage des arbres dans les bois de l'État, des communes, des établissemens publics et des particuliers, de faire viser ces procès-verbaux par le maire, dans la huitaine, et d'en déposer immédiatement une expédition à la mairie de la commune où le martelage aura lieu. — Aussitôt après ce dépôt, les adjudicataires, communes, établissemens ou propriétaires, pourront disposer des bois qui n'auront pas été marqués.

127. Les adjudicataires des bois soumis au régime forestier, les maires des communes, ainsi que les administrateurs des établissemens publics, pour les exploitations faites sans adjudication, et les particuliers, traiteront de gré à gré du prix de leur bois avec la marine. — En cas de contestation le prix sera réglé par experts nommés contradictoirement, et, s'il y a partage entre les experts, il en sera nommé un d'office par le président du tribunal de première instance, à la requête de la partie la plus diligente; les frais de l'expertise seront supportés en commun.

128. Les adjudicataires des bois soumis au régime forestier, les maires des communes, ainsi que les administrateurs des établissemens publics pour les exploitations faites sans adjudication, et les particuliers, pourront disposer librement des arbres marqués pour la marine, si, dans les trois mois après qu'ils en auront fait notifier à la sous-préfecture l'abattage la marine n'a pas pris livraison de la totalité des arbres marqués appartenant au même propriétaire, et n'en a pas acquitté le prix.

129. La marine aura, jusqu'à l'abattage des arbres, la faculté d'annuler les martelages opérés pour son service; mais, conformément à l'article précédent, elle devra prendre tous les arbres marqués qui auront été abattus, ou les abandonner en totalité.

130. Lorsque les propriétaires de bois n'auront pas fait abattre les arbres déclarés, dans le délai d'un an, à dater du jour de leur déclaration, elle sera considérée comme non avenue, et ils seront tenus d'en faire une nouvelle.

131. Ceux qui, dans les cas de besoins personnels, pour réparations ou constructions, voudront faire abattre des arbres sujets à déclaration, ne pourront procéder à l'abattage qu'après avoir fait préalablement constater ces besoins par le maire de la commune. — Tout propriétaire convaincu d'avoir, sans motifs valables, donné, en tout ou en partie, à ses arbres, une destination autre que celle qui aura été énoncée dans le procès - verbal constatant les besoins personnels, sera passible de l'amende portée par l'article 125 pour défaut de déclaration.

132. Le gouvernement déterminera les formalités à remplir, tant pour les déclarations de volonté d'abattre, que pour constater, soit les besoins, dans le cas prévu par l'article précédent, soit les martelages et les abattages. Ces formalités seront remplies sans frais.

133. Les arbres qui auront été marqués pour le service de la marine, dans les bois soumis au régime forestier, comme sur toute propriété privée, ne pourront être distraits de leur destination, sous peine d'une amende de 45 francs par mètre de tour de chaque arbre; sauf néanmoins les cas prévus par les articles 126 et 128. Les arbres marqués pour le service de la marine ne pourront être écarris avant la livraison, ni détériorés par ses agens avec des haches, scies, sondes ou autres instrumens, à peine de la même amende.

134. Les délits et contraventions concernant le service de la marine seront constatés, dans tous les bois, par procès-verbaux, soit des agens et gardes forestiers, soit des maîtres, contre-maîtres et aides-contre-maîtres assermentés de la marine : en conséquence, les procès-verbaux de ces maîtres, contre-maîtres et aides-contre-maîtres feront foi en justice comme ceux des gardes forestiers, pourvu qu'ils soient dressés et affirmés dans les mêmes formes et dans les mêmes délais.

135. Les dispositions du présent titre ne sont applicables qu'aux localités où le droit de martelage sera jugé indispensable pour le service de la marine, et pourra être utilement exercé par elle. — Le gouvernement fera dresser et publier l'état des départemens, arrondissemens et cantons qui ne seront pas soumis à l'exercice de ce droit. — La même publicité sera donnée au rétablissement de cet exercice dans les localités exceptées, lorsque le gouvernement jugera ce rétablissement nécessaire.

SECTION II.

Des Bois destinés au service des ponts et chaussées pour les travaux du Rhin.

136. Dans tous les cas où les travaux d'endigage ou de fascinage sur le Rhin exigeront une prompte fourniture de bois ou oseraies, le préfet, en constatant l'urgence, pourra en requérir la délivrance, d'abord dans les bois de l'Etat; en cas d'insuffisance de ces bois, dans ceux des communes et des établissemens publics, et subsidiairement enfin dans ceux des particuliers : le tout à la distance de cinq kilomètres des bords du fleuve.

137. En conséquence, tous particuliers propriétaires de bois taillis ou autres dans les îles, sur les rives, et à une distance de cinq kilomètres des bords du fleuve, seront tenus de faire, trois mois d'avance, à la sous-préfecture, une déclaration des coupes qu'ils se proposeront d'exploiter. — Si, dans le délai de trois mois, les bois ne sont pas requis, le propriétaire pourra en disposer librement.

138. Tout propriétaire qui, hors les cas d'urgence, effectuerait la coupe de ses bois sans avoir fait la déclaration prescrite par l'article précédent, sera condamné à une amende de un franc par are de bois ainsi exploité. — L'amende sera de quatre francs par are contre tout propriétaire qui, après que la réquisition de ses bois lui aura été notifiée, les détour-

nerait de la destination pour laquelle ils auraient été requis.

139. Dans les bois soumis au régime forestier, l'exploitation des bois requis sera faite par les entrepreneurs des travaux des ponts et chaussées, d'après les indications et sous la surveillance des agens forestiers. Ces entrepreneurs seront, dans ce cas, soumis aux mêmes obligations et à la même responsabilité que les adjudicataires des coupes des bois de l'Etat.

140. Dans les bois des particuliers, l'exploitation des bois requis sera faite également, et sous la même responsabilité, par les entrepreneurs des travaux, si mieux n'aime le propriétaire faire exploiter lui-même; ce qu'il devra déclarer aussitôt que la réquisition lui aura été notifiée.—A défaut par le propriétaire d'effectuer l'exploitation dans le délai fixé par la réquisition, il y sera procédé à ses frais, sur l'autorisation du préfet.

141. Le prix des bois et oseraies requis en exécution de l'article 136 sera payé par les entrepreneurs des travaux à l'Etat et aux communes ou établissemens publics, comme aux particuliers, dans le délai de trois mois après l'abattage constaté, et d'après le même mode d'expertise déterminé par l'article 127 de la présente loi pour les arbres marqués par la marine. — Les communes et les particuliers seront indemnisés, de gré à gré ou à dire d'experts, du tort qui pourrait être résulté pour eux de coupes exécutées hors des saisons convenables.

142. Le gouvernement déterminera les formalités qui devront être observées pour la réquisition des bois, les déclarations et notifications, en conséquence de ce qui est prescrit par les articles précédens.

143. Les contraventions et délits en cette matière seront constatés par procès-verbaux des agens et gardes forestiers, des conducteurs de ponts et chaussées et des officiers de police assermentés, qui devront observer à cet égard les formalités et délais prescrits au titre XI, section 1re, pour les procès-verbaux dressés par les gardes de l'administration forestière.

TITRE DIXIÈME.

POLICE ET CONSERVATION DES BOIS ET FORÊTS.

SECTION PREMIÈRE.

Dispositions applicables à tous les Bois et Forêts en général.

144. (Ainsi modifié; L. 18 juin 1859). Toute extraction ou enlèvement non autorisé de pierre, sable, minerai, terre ou gazon, tourbe, bruyères, genêts, herbages, feuilles vertes ou mortes, engrais existant sur le sol des forêts, glands, faînes et autres fruits ou semences des bois et forêts, donnera lieu à des amendes qui seront fixées ainsi qu'il suit : — Par charretée ou tombereau, de dix à trente francs, pour chaque bête attelée; — Par chaque charge de bête de somme, de cinq à quinze francs ; — Par chaque charge d'homme, de deux à six francs. — Il pourra en outre être prononcé un emprisonnement de trois jours au plus (*a*). —

F. 57, 198, 200 s. — O. F. 169.

145. Il n'est point dérogé aux droits conférés à l'administration des ponts et chaussées d'indiquer les lieux où doivent être faites les extractions de matériaux pour les travaux publics ; néanmoins les entrepreneurs seront tenus envers l'Etat, les communes et établissemens publics, comme envers les particuliers, de payer toutes les indemnités de droit, et d'observer toutes les formes prescrites par les lois et réglemens en cette matière (1). — O. F. 169-175.

146. Quiconque sera trouvé dans les bois et forêts, hors des routes et chemins ordinaires, avec serpes, cognées, haches, scies et autres instrumens de même nature, sera condamné à une amende de dix francs et à la confiscation desdits instrumens (*b*). — Ꝛ. 161.

(*a*) Ancien article 144 (comme le nouveau sans le dernier §).

(1) *Voyez* dans mon édition in-8º, l'arrêt du conseil du 7 sept. 1755.

(*b*) Edit août 1669, tit. xxvii. Art. 84. Les usagers et autres personnes trouvées de nuit dans les forêts hors des routes et grands chemins, avec serpes, ha-

147. Ceux dont les voitures, bestiaux, animaux de charge ou de monture, seront trouvés dans les forêts, hors des routes et chemins ordinaires, seront condamnés, savoir : — Par chaque voiture à une amende de dix francs pour les bois de dix ans et au-dessus, et de vingt francs pour les bois au-dessous de cet âge; —Par chaque tête ou espèce de bestiaux non attelés, aux amendes fixées pour délit de pâturage par l'article 199. — Le tout sans préjudice des dommages-intérêts (a). — F. 39, 46.

148. Il est défendu de porter ou allumer du feu dans l'intérieur et a la distance de deux cents mètres des bois et forêts, sous peine d'une amende de vingt à cent francs; sans préjudice, en cas d'incendie, des peines portées par le Code pénal, et de tous dommages-intérêts, s'il y a lieu. — P. 434, 458.

149. Tous usagers qui, en cas d'incendie, refuseront de porter des secours dans les bois soumis à leur droit d'usage, seront traduits en police correctionnelle, privés de ce droit pendant un an au moins, et cinq ans au plus, et condamnés en outre aux peines portées en l'article 475 du Code pénal (b).

150. Les propriétaires riverains des bois et forêts ne peuvent se prévaloir de l'ar-

ticle 672 du Code civil pour l'élagage des lisières desdits bois et forêts, si ces arbres de lisière ont plus de trente ans. —Tout élagage qui serait exécuté sans l'autorisation des propriétaires des bois et forêts, donnera lieu à l'application des peines portées par l'article 198. —C. 671, 672. — O. F. 176.

SECTION II.
Dispositions spéciales applicables seulement aux bois et forêts soumis au régime forestier.

151. Aucun four à chaux ou à plâtre, soit temporaire, soit permanent, aucune briqueterie et tuilerie, ne pourront être établis dans l'intérieur et à moins d'un kilomètre des forêts, sans l'autorisation du gouvernement, à peine d'une amende de cent à cinq cents francs, et de démolition des établissemens. — F. 148, 157. — O. F. 177.

152. Il ne pourra être établi sans l'autorisation du gouvernement, sous quelque prétexte que ce soit, aucune maison sur perches, loge, baraque ou hangar, dans l'enceinte et à moins d'un kilomètre des bois et forêts, sous peine de 50 francs d'amende, et de la démolition dans le mois, à dater du jour du jugement qui l'aura ordonnée (c). — F. 157. — O. F. 177. Décr. 25 mars 1852, art. 3.

---

ches, scies ou cognées, seront emprisonnés et condamnés pour la première fois en six livres d'amende, vingt livres pour la seconde, et pour la troisième bannis de la forêt.

(a) *Voyez* dans mon édition

in-8°, Edit août 1669, tit. xxxii, art. 10.

(b) *Voyez* dans mon édition in-octavo, l'arrêté du directoire exécutif du 25 pluviôse an VI.

(c) *Voyez* dans mon édition

153. Aucune construction de maisons ou fermes ne pourra être effectuée, sans l'autorisation du gouvernement, à la distance de cinq cents mètres des bois et forêts soumis au régime forestier, sous peine de démolition. — Il sera statué dans le délai de six mois sur les demandes en autorisation; passé ce délai, la construction pourra être effectuée. — Il n'y aura point lieu à ordonner la démolition des maisons ou fermes actuellement existantes. Ces maisons ou fermes pourront être reparées, reconstruites et augmentées sans autorisation. — Sont exceptés des dispositions du paragraphe 1er du présent article, les bois et forêts appartenant aux communes, et qui sont d'une contenance au-dessous de deux cent cinquante hectares (a). — F. 158. — O. F. 177, 178.

154. Nul individu habitant les maisons ou fermes actuellement existantes dans le rayon ci-dessus fixé, ou dont la construction y aura été autorisée en vertu de l'article précédent, ne pourra établir dans lesdites maisons ou fermes aucun atelier à façonner le bois, aucun chantier ou magasin pour faire le commerce de bois, sans la permission spéciale du gouvernement, sous peine de cinquante francs d'amende et de la confiscation des bois. — Lorsque les individus qui au-

ront obtenu cette permission auront subi une condamnation pour délits forestiers, le gouvernement pourra leur retirer ladite permission (b). — F. 156, 157. — O. F. 177.

155. Aucune usine à scier le bois ne pourra être établie dans l'enceinte et à moins de deux kilomètres de distance des bois et forêts, qu'avec l'autorisation du gouvernement, sous peine d'une amende de cent à cinq cents francs et de la démolition dans le mois, à dater du jugement qui l'aura ordonnée (c). — F. 156-158. — O. F. 177, 179, 180.

156. Sont exceptées des dispositions des trois articles précédens les maisons et usines qui font partie des villes, villages ou hameaux formant une population agglomérée, bien qu'elles se trouvent dans les distances ci-dessus fixées des bois et forêts. — O. F. 179.

157. Les usines, hangars et autres établissemens autorisés en vertu des articles 151, 152, 154 et 155, seront soumis aux visites des agens et gardes forestiers, qui pourront y faire toutes perquisitions sans l'assistance d'un officier public, pourvu qu'ils se présentent au nombre de deux au moins, ou que l'agent ou garde forestier soit accompagné de deux témoins domiciliés dans la commune. — F. 161, 162.

158. Aucun arbre, bille ou

---

in-8°, Edit août 1669, tit. xxvii, art. 17.

(a) *Voyez* dans mon édition in-octavo, les textes rapportés note *b*.

(b) Edit août 1669, tit. xxvii, art. 23 et 30.

(c) Edit août 1669, tit. xxvii, art. 43.

tranche, ne pourra être reçu dans les scieries dont il est fait mention en l'article 155, sans avoir été préalablement reconnu par le garde forestier du canton et marqué de son marteau; ce qui devra avoir lieu dans les cinq jours de la déclaration qui en aura été faite, sous peine, contre les exploitants desdites scieries, d'une amende de cinquante à trois cents francs. En cas de récidive, l'amende sera double, et la suppression de l'usine pourra être ordonnée par le tribunal. — F. 156. — O. F. 180.

TITRE ONZIÈME.

DES POURSUITES EN RÉPARATION DE DÉLITS ET CONTRAVENTIONS.

SECTION PREMIÈRE.

De la poursuite des délits et contraventions commis dans les Bois soumis au régime forestier (1).

159. (Ainsi modifié; L. 18 juin 1859.) L'administration forestière est chargée, tant dans l'intérêt de l'État que dans celui des autres propriétaires de bois et forêts soumis au régime forestier, des poursuites en réparation de tous délits et contraventions commis dans ces bois et forêts, sauf l'exception mentionnée en l'article 87. — Elle est également chargée de la poursuite en réparation des délits et contraventions spécifiés aux articles 134, 143 et 219. — Les actions et poursuites seront exercées, par les agens forestiers, au nom de l'administration forestière, sans préjudice du droit qui appartient au ministère public. — L'administration des forêts est autorisée à transiger avant le jugement définitif, sur la poursuite des délits et contraventions en matière forestière, commis dans les bois soumis au régime forestier. Après jugement définitif la transaction ne peut porter que sur les peines et réparations pécuniaires (a). — F. 1, 183 s. — I. Cr. 179, 182, 190. — O. F. 187.

160. Les agens, arpenteurs et gardes forestiers recherchent et constatent par procès-verbaux les délits et contraventions, savoir : les agens et arpenteurs, dans toute l'étendue du territoire pour lequel ils sont commissionnés, et les gardes, dans l'arrondissement du tribunal près duquel ils sont assermentés. — F. 5, 189. — O. F. 11, 24-30, 181.

(1) Cette rubrique a été, par la loi du 18 juin 1859, substituée à l'ancienne qui était ainsi conçue : *Des Poursuites exercées au nom de l'administration forestière.*

(a) Ancien art. 159 (comme le nouveau, sans le dernier §).

161. Les gardes sont autorisés à saisir les bestiaux trouvés en délit, et les instrumens, voitures et attelages des délinquans, et à les mettre en séquestre. Ils suivront les objets enlevés par les délinquans jusque dans les lieux où ils auront été transportés, et les mettront également en séquestre. — Ils ne pourront néanmoins s'introduire dans les maisons, bâtimens, cours adjacentes et enclos, si ce n'est en présence, soit du juge de paix ou de son suppléant, soit du maire du lieu ou de son adjoint, soit du commissaire de police (*a*). — **F. 157, 162 s., 189.** — **I. Cr. 16.** — **O. F. 182.**

162. Les fonctionnaires dénommés en l'article précédent ne pourront se refuser à accompagner sur-le-champ les gardes, lorsqu'ils en seront requis par eux pour assister à des perquisitions. — Ils seront tenus, en outre, de signer le procès-verbal du séquestre ou de la perquisition faite en leur présence, sauf au garde, en cas de refus de leur part, à en faire mention au procès-verbal (*b*). — **F. 189.** — **O. F. 182.**

163. Les gardes arrêteront et conduiront devant le juge de paix ou devant le maire tout inconnu qu'ils auront surpris en flagrant délit. — **F. 189.** — **I. Cr. 16.**

164. Les agens et les gardes de l'administration des forêts ont le droit de requérir directement la force publique pour la répression des délits et contraventions en matière forestière, ainsi que pour la recherche et la saisie des bois coupés en délit, vendus ou achetés en fraude (*c*). — **I. Cr. 16, 25.** — **P. 234.**

165. Les gardes écriront eux-mêmes leurs procès-verbaux ; ils les signeront et les affirmeront, au plus tard le lendemain de la clôture desdits procès-verbaux, par-devant le juge de paix du canton ou l'un de ses suppléans, ou par-devant le maire ou l'adjoint soit de la commune de leur résidence, soit de celle où le délit a été commis ou constaté ; le tout sous peine de nullité. — Toutefois, si, par suite d'un empêchement quelconque, le procès-verbal est seulement signé par le garde, mais non écrit en entier de sa main, l'officier public qui en recevra l'affirmation devra lui en donner préalablement lecture, et faire ensuite mention de cette formalité ; le tout sous peine de nullité du procès-verbal (*d*). — **F. 168, 176, 189.** — **O. F. 182.**

166. Les procès-verbaux que les agens forestiers, les gardes généraux et les gardes à cheval dresseront, soit isolément, soit avec le concours d'un garde, ne seront point soumis à l'affirmation (*e*). — **O. F. 11.**

167. Dans les cas où le procès-verbal portera saisie,

(*a*) *Voyez* dans mon édition in-8º, Edit août 1669, tit. xxxii, art. 18.

(*b*) *Voyez* dans mon édition in-8º, Edit août 1669, tit. xvi, art. 1.

(*c*) *Voyez* dans mon édition in-8º, Edit août 1669, tit. xvi, art. 3.

(*d*) *Voyez* dans mon édition in-8º, Edit août 1669, tit. vii, articles 7, 12, Décret 15-29 septembre 1791, titre viii, article 6.

il en sera fait aussitôt après l'affirmation une expédition qui sera déposée dans les vingt-quatre heures au greffe de la justice de paix, pour qu'il en puisse être donné communication à ceux qui réclameraient les objets saisis. — F. 169, 189. — O. F. 183.

168. Les juges de paix pourront donner main-levée provisoire des objets saisis, à la charge du paiement des frais de séquestre, et moyennant une bonne et valable caution. — En cas de contestation sur la solvabilité de la caution, il sera statué par le juge de paix (*a*). — F. 161, 189. — O. F. 184.

169. Si les bestiaux saisis ne sont pas réclamés dans les cinq jours qui suivront le séquestre, ou s'il n'est pas fourni bonne et valable caution, le juge de paix en ordonnera la vente à l'enchère, au marché le plus voisin. Il y sera procédé à la diligence du receveur des domaines, qui la fera publier vingt-quatre heures d'avance. — Les frais de séquestre et de vente seront taxés par le juge de paix, et prélevés sur le produit de la vente; le surplus restera déposé entre les mains du receveur des domaines, jusqu'à ce qu'il ait été statué en dernier ressort sur le procès-verbal. — Si la réclamation n'a lieu qu'après la vente des bestiaux saisis, le propriétaire n'aura droit qu'à la restitution du produit net de la vente, tous frais déduits, dans le cas où cette restitution serait ordonnée par le jugement (*b*). — F. 189.

170. Les procès-verbaux seront, sous peine de nullité, enregistrés dans les quatre jours qui suivront celui de l'affirmation, ou celui de la clôture du procès-verbal, s'il n'est pas sujet à l'affirmation. — L'enregistrement s'en fera en débet, lorsque les délits en contravention intéresseront l'Etat, le domaine de la Couronne, ou les communes et les établissemens publics (*c*).

171. Toutes les actions et poursuites exercées au nom de l'administration générale des forêts, et à la requête de ses agens, en réparation de délits ou contraventions en matière forestière, sont portées devant les tribunaux correctionnels, lesquels sont seuls compétens pour en connaitre (*d*). — F. 190. — I. Cr. 179, 182, 190.—O. F. 187.

172. L'acte de citation doit, à peine de nullité, contenir la copie du procès-verbal et de l'acte d'affirmation (*e*). — F. 173, 187, 189.

173. Les gardes de l'administration forestière pourront, dans les actions et poursuites exercées en son nom, faire toutes citations et significa-

---

(*a*) *Voyez* dans mon édition in-8º, Décret 15-29 septembre 1791, titre IX, article 3.

(*b*) *Voyez* dans mon édition in-8º, Décret 15-29 sept. 1791, tit. IX, art. 4.

(*c*) *Voyez* dans mon édition in-octavo, les textes rapportés note c.

(*d*) *Voyez* dans mon édition in-8º, Edit août 1669, tit. 1er, art. 9.

(*e*) *Voyez* dans mon édition in-8º, Décr. 15-29 sept. 1791, tit. IX, art. 9.

tions d'exploits, sans pouvoir procéder aux saisies-exécutions. — Leurs rétributions, pour les actes de ce genre, seront taxées comme pour les actes faits par les huissiers des juges de paix (*a*).

174. Les agens forestiers ont le droit d'exposer l'affaire devant le tribunal, et sont entendus à l'appui de leurs conclusions. — I. Cr. 190. — O. F. 11, 185.

175. Les délits ou contraventions en matière forestière seront prouvés soit par procès-verbaux, soit par témoins à défaut de procès-verbaux, ou en cas d'insuffisance de ces actes.—F. 189.—I. Cr. 154, 189.

176. Les procès-verbaux revêtus de toutes les formalités prescrites par les articles 165 et 170, et qui sont dressés et signés par deux agens ou gardes forestiers, font preuve, jusqu'à inscription de faux, des faits matériels relatifs aux délits et contraventions qu'ils constatent, quelles que soient les condamnations auxquelles ces délits et contraventions peu-

vent donner lieu.—Il ne sera, en conséquence, admis aucune preuve outre ou contre le contenu de ces procès-verbaux, à moins qu'il n'existe une cause légale de récusation contre l'un des signataires (*b*). — F. 177, 179, 188. — I. Cr. 154. — O. F. 11, 181.

177. Les procès-verbaux revêtus de toutes les formalités prescrites, mais qui ne seront dressés et signés que par un seul agent ou garde, feront de même preuve suffisante jusqu'à inscription de faux, mais seulement lorsque le délit ou la contravention n'entraînera pas une condamnation de plus de cent francs, tant pour amende que pour dommages-intérêts. — Lorsqu'un de ces procès-verbaux constatera à la fois contre divers individus des délits ou contraventions distincts et séparés, il n'en fera pas moins foi, aux termes du présent article, pour chaque délit ou contravention qui n'entraînerait pas une condamnation de plus de cent francs, tant

---

(*a*) *Voyez* dans mon édition in-octavo, les textes rapportés, note *b*.

(*b*) Édit *août* 1669, *tit.* x.

Art. 8. Le nombre des sergens sera divisé en deux parties, qui comparaîtront alternativement à l'audience de la maîtrise ou de la gruerie, même aux assises, suivant l'ordre des officiers, pour les informer de l'état de leurs gardes, y présenter, affirmer et faire enregistrer les rapports qu'ils pourront lors avoir en leurs mains, sur lesquels voulons que les officiers puissent condamner à peine pécuniaire, quoiqu'il n'y ait aucune preuve

ni information, pourvu que les parties accusées ne proposent point de cause suffisante de récusation.

Décr. 15-29 *sept.* 1791, *tit.* IX.

Art. 13. Les procès-verbaux feront preuve suffisante dans tous les cas où l'indemnité et l'amende n'excéderont pas la somme de cent livres, s'il n'y a pas inscription de faux, ou s'il n'est pas proposé de cause valable de récusation.

14. Si le délit est de nature à emporter une plus forte condamnation, le procès-verbal devra être soutenu d'un autre témoignage.

pour amende que pour dommages-intérêts, quelle que soit la quotité à laquelle pourraient s'élever toutes les condamnations réunies. — F. 179-188.

178. Les procès-verbaux qui, d'après les dispositions qui précèdent, ne font point foi et preuve suffisante jusqu'à inscription de faux, peuvent être corroborés et combattus par toutes les preuves légales, conformément à l'article 154 du Code d'instruction crimielle. — F. 175 s., 188.

179. Le prévenu qui voudra s'inscrire en faux contre le procès-verbal sera tenu d'en faire, par écrit et en personne, ou par un fondé de pouvoirs spécial par acte notarié, la déclaration au greffe du tribunal, avant l'audience indiquée par la citation. — Cette déclaration sera reçue par le greffier du tribunal : elle sera signée par le prévenu ou son fondé de pouvoirs, et dans le cas où il ne saurait ou ne pourrait signer, il en sera fait mention expresse. — Au jour indiqué pour l'audience, le tribunal donnera acte de la déclaration, et fixera un délai de trois jours au moins et de huit jours au plus, pendant lequel le prévenu sera tenu de faire au greffe le dépôt des moyens de faux, et des noms, qualités et demeures des témoins qu'il voudra faire entendre. — A l'expiration de ce délai, et sans qu'il soit besoin d'une citation nouvelle, le tribunal admettra les moyens de faux, s'ils sont de nature à détruire l'effet du procès-verbal, et il sera procédé sur le faux conformément aux lois. — Dans le cas contraire, ou faute par le pré-

venu d'avoir rempli toutes les formalités ci-dessus prescrites, le tribunal déclarera qu'il n'y a lieu à admettre les moyens de faux et ordonnera qu'il soit passé outre au jugement. — F. 176, 177, 180, 181. — I. Cr. 448 s. — P. 145 s.

180. Le prévenu contre lequel aura été rendu un jugement par défaut, sera encore admissible à faire sa déclaration d'inscription de faux pendant le délai qui lui est accordé par la loi pour se présenter à l'audience sur l'opposition par lui formée. — I. Cr. 187.

181. Lorsqu'un procès-verbal sera rédigé contre plusieurs prévenus, et qu'un ou quelques-uns d'entre eux seulement s'inscriront en faux, le procès-verbal continuera de faire foi à l'égard des autres, à moins que le fait sur lequel portera l'inscription de faux ne soit indivisible et commun aux autres prévenus.

182. Si, dans une instance en réparation de délit ou contravention, le prévenu excipe d'un droit de propriété ou autre droit réel, le tribunal saisi de la plainte statuera sur l'incident en se conformant aux règles suivantes : — L'exception préjudicielle ne sera admise qu'autant qu'elle sera fondée, soit sur un titre apparent, soit sur des faits de possession équivalens, personnels au prévenu et par lui articulés avec précision, et si le titre produit ou les faits articulés sont de nature, dans le cas où ils seraient reconnus par l'autorité compétente, à ôter au fait qui sert de base aux poursuites tout caractère de délit ou de contravention. — Dans le cas de renvoi à fins civiles, le jugement fixera un bref délai dans lequel la partie qui aura élevé la question préjudicielle devra saisir les juges compétens de la connaissance du litige et justifier de ses diligences; sinon il sera passé outre. Toutefois, en cas de condamnation, il sera sursis à l'exécution du jugement, sous le rapport de l'emprisonnement, s'il était prononcé, et le montant des amendes, restitutions et dommages-intérêts, sera versé à la caisse des dépôts et consignations, pour être remis à qui il sera ordonné par le tribunal qui statuera sur le fond du droit. — **F.** 189.

183. Les agens de l'administration des forêts peuvent, en son nom, interjeter appel des jugemens, et se pourvoir contre les arrêts et jugemens en dernier ressort; mais ils ne peuvent se désister de leurs appels sans son autorisation spéciale. — **F.** 184, 187. — **I. Cr.** 199-216. — **O. F.** 11.

184. Le droit attribué à l'administration des forêts et à ses agens de se pourvoir contre les jugemens et arrêts par appel ou par recours en cassation, est indépendant de la même faculté qui est accordée par la loi au ministère public, lequel peut toujours en user, même lorsque l'administration ou ses agens auraient acquiescé aux jugemens et arrêts. — **I. Cr.** 202, 216, 413.

185. Les actions en réparation de délits et contraventions en matière forestière se prescrivent par trois mois, à compter du jour où les délits

et contraventions ont été constatés, lorsque les prévenus sont désignés dans les procès-verbaux. Dans le cas contraire, le délai de prescription est de six mois, à compter du même jour, sans préjudice, à l'égard des adjudicataires et entrepreneurs des coupes, des dispositions contenues aux articles 45, 47, 50, 51 et 82 de la présente loi. — **F.** 186, 189. — **I. Cr.** 636.

186. Les dispositions de l'article précédent ne sont point applicables aux contraventions, délits et malversations commis par des agens, préposés ou gardes de l'administration forestière dans l'exercice de leurs fonctions; les délais de prescription à l'égard de ces préposés et de leurs complices seront les mêmes qui sont déterminés par le Code d'instruction criminelle. — **I. Cr.** 638, 640.

187. Les dispositions du Code d'instruction criminelle sur la poursuite des délits et contraventions, sur les citations et délais, sur les défauts, oppositions, jugemens, appels et recours en cassation, sont et demeurent applicables à la poursuite des délits et contraventions spécifiés par la présente loi, sauf les modifications qui résultent du présent titre. — **F.** 172, 189.

SECTION II.

De la poursuite des délits et contraventions commis dans les bois non soumis au régime forestier (1).

188. (Ainsi modifié; **L.** 18 juin 1859). Les délits et con-

---

(1) Pour l'ancien texte du Code   *Voyez* mon édit. in-8

traventions commis dans les bois non soumis au régime forestier sont recherchés et constatés tant par les gardes des bois et forêts des particuliers que par les gardes champêtres des communes, les gendarmes et, en général, par tous officiers de police judiciaire chargés de rechercher et de constater les délits ruraux. — Les procès-verbaux feront foi jusqu'à preuve contraire. Ces procès-verbaux, à l'exception de ceux dressés par les gardes particuliers, sont enregistrés en débet (a). — F. 31, 44, 117, 178, 191. — I. Cr. 154.

189. (Ainsi modifié ; L. 18 juin 1859). Les dispositions contenues aux articles 161, 162, 163, 167, 168, 169, 170, paragraphe premier, 182, 185 et 187 ci-dessus, sont applicables à la poursuite des délits et contraventions commis dans les bois non soumis au régime forestier. — Toutefois, dans les cas prévus par l'ar-ticle 169, lorsqu'il y aura lieu à effectuer la vente des bestiaux saisis, le produit net de la vente sera versé à la caisse des dépôts et consignations. — Les dispositions de l'article 165 sont applicables à la rédaction des procès-verbaux dressés par les gardes des bois et forêts des particuliers (a).

190. Il n'est rien changé aux dispositions du Code d'instruction criminelle relativement à la compétence des tribunaux, pour statuer sur les délits et contraventions commis dans les bois et forêts qui appartiennent aux particuliers. — I. Cr. 20, 137, 139 4º, 179, — P. 9-11, 484 s.

191. Les procès-verbaux dressés par les gardes des bois des particuliers seront, dans le délai d'un mois, à dater de l'affirmation, remis au procureur du Roi ou au juge de paix, suivant leur compétence respective. — F. 185. — I. Cr. 20.

TITRE DOUZIÈME.

DES PEINES ET CONDAMNATIONS POUR TOUS LES BOIS ET FORÊTS

EN GÉNÉRAL.

192. (Ainsi modifié ; L. 18 juin 1859). La coupe ou l'enlèvement d'arbres ayant deux décimètres de tour et au-dessus donnera lieu à des amendes qui seront déterminées dans les proportions suivantes, d'après l'essence et la circonférence de ces arbres. — Les arbres sont divisés en deux classes. — La première comprend les chênes, hêtres, charmes, ormes, frênes, érables, platanes, pins, sapins, mélèzes, châtaigniers, noyers, aliziers, sorbiers, cormiers, merisiers, et autres arbres fruitiers. — La seconde se compose des aunes, tilleuls, bouleaux, trembles, peupliers, saules, et de

(a) Pour l'ancien texte du Code *Voyez* mon édit. in-8

toutes les espèces non comprises dans la première classe. — Si les arbres de la première classe ont deux décimètres de tour, l'amende sera d'un franc par chacun de ces deux décimètres, et s'accroîtra ensuite progressivement de dix centimes par chacun des autres décimètres. — Si les arbres de la seconde classe ont deux décimètres de tour, l'amende sera de cinquante centimes par chacun de ces deux décimètres, et s'accroîtra ensuite progressivement de cinq centimes par chacun des autres décimètres. — Le tout conformément au tableau annexé à la présente loi. — La circonférence sera mesurée à un mètre du sol. — Il pourra, en outre, être prononcé un emprisonnement de cinq jours au plus, si l'amende n'excède pas quinze francs, et de deux mois au plus, si l'amende est supérieure à cette somme (a) — F. 34, 193 s., 198, 202, 211-214. — Supp. *Police rurale*, Déc. 28 sept.-6 oct. 1791, tit. II, art. 36.

193. Si les arbres auxquels s'applique le tarif établi par l'article précédent ont été enlevés et façonnés, le tour en sera mesuré sur la souche; et si la souche a été également enlevée, le tour sera calculé dans la proportion d'un cinquième en sus de la dimension totale des quatre faces de l'arbre équarri. — Lorsque l'arbre et la souche auront disparu, l'amende sera calculée suivant la grosseur de l'arbre arbitrée par le tribunal, d'après les documens du procès.

194. (Ainsi modifié; L. 18 juin 1859). L'amende, pour coupe ou enlèvement de bois qui n'auront pas deux décimètres de tour, sera, pour chaque charretée, de dix francs par bête attelée, de cinq francs par chaque charge de bête de somme, et de deux francs par fagot, fouée ou charge d'homme. — Il pourra, en outre, être prononcé un emprisonnement de cinq jours au plus. — S'il s'agit d'arbres semés ou plantés dans les forêts depuis moins de cinq ans, la peine sera d'une amende de trois francs par chaque arbre, quelle qu'en soit la grosseur, et, en outre, d'un emprisonnement d'un mois au plus (a).—F. 192, 198, 202, 211-214. — P. 388, 444 s., 448.

195. (Ainsi modifié; L. 18 juin 1859). Quiconque arrachera des plants dans les bois et forêts sera puni d'une amende qui ne pourra être moindre de dix francs, ni excéder trois cents francs. — Il pourra, en outre, être prononcé un emprisonnement de cinq jours au plus. — Si le délit a été commis dans un semis ou plantation exécuté de main d'homme, il sera prononcé, outre l'amende, un emprisonnement de quinze jours à un mois (a). — F. 36, 150, 194, 198, 202, 211 à 214.

196. Ceux qui, dans les bois et forêts, auront éhoupé, écorcé ou mutilé des arbres, ou qui en auront coupé les principales branches, seront punis comme s'ils les avaient abattus par le pied (b). — F. 36, 150, 194, 198, 202, 211-214. — P. 446-448.

(a) Pour l'ancien texte du Code **Voyez** mon édit. in-8

(b) *Voyez* Edit août 1669, tit. xxxii, art. 2.

TARIF

Des amendes à prononcer par arbre, d'après sa grosseur et son essence.

ARBRES DE PREMIÈRE CLASSE.			ARBRES DE DEUXIÈME CLASSE.		
Circonfér.	AMENDE PAR DÉCIMÈT.	AMENDE PAR ARBRE.	Circonfér.	AMENDE PAR DÉCIMÈT.	AMENDE PAR ARBRE.
Décim.	fr. c.	fr. c.	Décim.	fr. o.	fr. c.
1	» »	» »	1	» »	» »
2	1 »	2 »	2	0 50	1 »
3	1 10	3 30	3	0 55	1 65
4	1 20	4 80	4	0 60	2 40
5	1 30	6 50	5	0 65	3 25
6	1 40	8 40	6	0 70	4 20
7	1 50	10 50	7	0 75	5 25
8	1 60	12 80	8	0 80	6 40
9	1 70	15 30	9	0 85	7 65
10	1 80	18 »	10	0 90	9 »
11	1 90	20 90	11	0 95	10 45
12	2 »	24 »	12	1 »	12 »
13	2 10	27 30	13	1 5	13 65
14	2 20	30 80	14	1 10	15 40
15	2 30	34 50	15	1 15	17 25
16	2 40	38 40	16	1 20	19 20
17	2 50	42 50	17	1 25	21 25
18	2 60	46 80	18	1 30	23 40
19	2 70	51 30	19	1 35	25 65
20	2 80	56 »	20	1 40	28 »
21	2 90	60 90	21	1 45	30 45
22	3 »	66 »	22	1 50	33 »
23	3 10	71 30	23	1 55	35 65
24	3 20	76 80	24	1 60	38 40
25	3 30	82 50	25	1 65	41 25
26	3 40	88 40	26	1 70	44 20
27	3 50	94 50	27	1 75	47 25
28	3 60	100 80	28	1 80	50 40
29	3 70	107 30	29	1 85	53 65
30	3 80	114 »	30	1 90	57 »
31	3 90	120 90	31	1 95	60 45
32	4 »	128 »	32	2 »	64 »

197. Quiconque enlèvera des chablis et bois de délit sera condamné aux mêmes amendes et restitutions que s'il les avait abattus sur pied (*a*). — F. 192, 193, 198, 203, 211-214.

198. Dans le cas d'enlèvement frauduleux de bois et d'autres productions du sol des forêts, il y aura toujours lieu, outre les amendes, à la restitution des objets enlevés ou de leur valeur, et de plus, selon les circonstances, à des dommages - intérêts. — Les scies, haches, serpes, cognées et autres instrumens de même nature dont les délinquans et leurs complices seront trouvés munis, seront confisqués (*b*). — F. 202. — P. 11.

199. Les propriétaires d'animaux trouvés de jour en délit dans les bois de dix ans et au-dessus, seront condamnés à une amende de — Un franc pour un cochon,—Deux francs pour une bête à laine,—Trois francs pour un cheval ou autre bête de somme.— Quatre francs pour une chèvre, — Cinq francs pour un bœuf, une vache ou un veau. — L'amende sera double si les bois ont moins de dix ans; sans préjudice, s'il y a lieu, des dommages-intérêts (*c*). — F. 147, 202, 211, 214.

200. (Ainsi modifié ; L. 18 juin 1859). Ceux qui auront contrefait ou falsifié les marteaux des particuliers servant aux marques forestières, ou qui auront fait usage de marteaux contrefaits ou falsifiés, ceux qui, s'étant indûment procuré les vrais marteaux, en auront fait une application ou un usage préjudiciable aux intérêts ou aux droits des particuliers, seront punis d'un emprisonnement de trois mois à deux ans (*d*). — P. 140.

201. (Ainsi modifié ; L. 18 juin 1859). Dans les cas de récidive, la peine sera toujours doublée. Il y a récidive lorsque, dans les douze mois précédens, il a été rendu, contre le délinquant ou contrevenant, un premier jugement pour délit ou contravention en matière forestière. — Les peines sont également doublées lorsque les délits ou contraventions auront été commis la nuit, ou que les délinquans auront fait usage de la scie pour couper les arbres sur pied (*e*). — F. 72, 76, 147, 199, 202, 213. — P. 483.

202. Dans tous les cas où il y aura lieu à adjuger des dommages - intérêts , ils ne pourront être inférieurs à l'amende simple prononcée par le jugement. — F. 34 , 198, 199, 211.

203. Les tribunaux ne pourront appliquer aux matières réglées par le présent Code les dispositions de l'article 463 du Code pénal (*f*).

(*a*) *Voyez* Edit août 1669, tit. xvii, art. 2.

(*b*) Edit août 1669, tit. xxxii, art. 8 ; édit mai 1716, art. 50.

(*c*) *Voyez* Décret 28 septembre-6 octobre 1791, tit. ii, art. 38.

(*d*) L'article 200 est entièrement nouveau.

(*e*) Le nouvel article 201 est la reproduction littérale des anciens articles 200 et 201.

(*f*) Edit août 1669, tit. xxxii, art. 14.

204. Les restitutions et dommages-intérêts appartiennent au propriétaire; les amendes et confiscations appartiennent toujours à l'Etat (a).

205. Dans tous les cas où les ventes et adjudications seront déclarées nulles pour cause de fraude ou collusion, l'acquéreur ou adjudicataire, indépendamment des amendes et dommages-intérêts prononcés contre lui, sera condamné à restituer les bois déjà exploités, ou à en payer la valeur sur le pied du prix d'adjudication ou de vente. — F. 17-19, 53, 100.

206. Les maris, pères, mères et tuteurs, et en général tous maitres et commettans, seront civilement responsables des délits et contraventions commis par leurs femmes, enfans mineurs et pupilles, demeurant avec eux et non mariés, ouvriers, voituriers et autres subordonnés; sauf tout recours de droit. — Cette responsabilité sera réglée conformément au paragraphe dernier de l'article 1384 du Code civil, et s'étendra aux restitutions, dommages-intérêts et frais, sans pouvoir toutefois donner lieu à la contrainte par corps, si ce n'est dans le cas prévu par l'article 46. — F. 28, 72, 82.

207. Les peines que la présente loi prononce, dans certains cas spéciaux, contre des fonctionnaires ou contre des agens et préposés de l'administration forestière, sont indépendantes des poursuites et peines dont ces fonctionnaires, agens, ou préposés seraient passibles d'ailleurs pour malversation, concussion ou abus de pouvoir. — Il en est de même quant aux poursuites qui pourraient être dirigées, aux termes des articles 179 et 180 du Code pénal, contre tous délinquans ou contrevenans, pour fait de tentative de corruption envers des fonctionnaires publics, et des agens et préposés de l'administration forestière. — F. 18, 19, 21, 25, 29, 52, 53, 81, 98, 100-102, 110, 186. — P. 169 s., 177 s. — O. F. 11, 39.

208. Il y aura lieu à l'application des dispositions du même Code dans tous les cas non spécifiés dans la présente loi. — P. 55, 59, 60, 62, 66 s. 140, 141, 175, 388, 400, 401, 408, 412, 434, 441, 444-448, 456, 458, 475, 12º.

(a) *Voyez*, Edit août 1669, t. xxv, art. 20; t. xxxii, art. 17.

TITRE TREIZIÈME.

DE L'EXÉCUTION DES JUGEMENS.

SECTION PREMIÈRE.

De l'exécution des jugemens concernant les délits et contraventions commis dans les
bois soumis au régime
forestier (a).

209. Les jugemens rendus
à la requête de l'administration forestière, ou sur la poursuite du ministère public, seront signifiés par simple extrait, qui contiendra le nom des
parties et le dispositif du jugement. — Cette signification fera
courir les délais de l'opposition
et de l'appel des jugemens par
défaut. — O. F. 188, 189.

210. (Ainsi modifié ; L. 18
juin 1859). Le recouvrement
de toutes les amendes forestières est confié aux receveurs
de l'enregistrement et des domaines. — Ces receveurs sont
également chargés du recouvrement des restitutions, frais
et dommages et intérêts résultant des jugemens rendus
pour délits et contraventions
dans les bois soumis au régime forestier. — L'administration forestière pourra admettre les délinquans insolvables à se libérer des amendes, réparations civiles et frais,
au moyen de prestations en
nature consistant en travaux
d'entretien et d'amélioration
dans les forêts ou sur les chemins vicinaux. — Le conseil
général fixe, par commune, la
valeur de la journée de pres-

tation. — La prestation pourra
être fournie en tâche. — Si les
prestations ne sont pas four-
nies dans le délai fixé par les
agens forestiers, il sera passé
outre à l'exécution des poursuites. — Un réglement d'administration publique déterminera l'attribution aux ayants
droit des prestations autorisées
par le présent article (a). — F.
34, 198, 204, 207. — I. Cr. 197.

211. Les jugemens portant condamnation à des
amendes, restitutions, dommages-intérêts et frais, sont exé-
cutoires par la voie de la
contrainte par corps, et l'exécution pourra en être pour-
suivie cinq jours après un
simple commandement fait
aux condamnés. — En conséquence, et sur la demande du
receveur de l'enregistrement
et des domaines, le procureur
du Roi adressera les réquisi-
tions nécessaires aux agens de
la force publique chargés de
l'exécution des mendemens
de justice. — F. 209 s. —
P. 52, 467. 469. — O. F.
188. — V. L. 22 juill. 1867,
art. 18.

212. Les individus contre
lesquels la contrainte par
corps aura été prononcée pour
raison des amendes et autres
condamnations et réparations
pécuniaires, subiront l'effet de
cette contrainte, jusqu'à ce
qu'ils aient payé le montant
desdites condamnations, ou

(a) Pour l'ancien texte du Code   *Voyez* mon édit. in-8

fourni une caution admise par le receveur des domaines, ou, en cas de contestation de sa part, déclarée bonne et valable par le tribunal de l'arrondissement. — F. 217. — L. 22 juill. 1867, art. 9, 18.

213. Néanmoins, les condamnés qui justifieraient de leur insolvabilité, suivant le mode prescrit par l'article 420 du Code d'instruction criminelle, seront mis en liberté après avoir subi quinze jours de détention, lorsque l'amende et les autres condamnations pécuniaires n'excéderont pas quinze francs. — La détention ne cessera qu'au bout d'un mois, lorsque ces condamnations s'élèveront ensemble de quinze à cinquante francs. — Elle ne durera que deux mois, quelle que soit la quotité desdites condamnations. — En cas de récidive, la durée de la détention sera double de ce qu'elle eût été sans cette circonstance. — F. 217. — P. 53. 467, 469. — L. 22 juill. 1867, art. 10.

214. Dans tous les cas, la détention employée comme moyen de contrainte est indépendante de la peine d'emprisonnement prononcée contre les condamnés pour tous les cas où la loi l'inflige.

SECTION II.

De l'exécution des jugemens concernant les délits et contraventions commis dans les bois non soumis au régime forestier (a).

215. (Ainsi modifié; L. 18 juin 1859). Les jugemens contenant des condamnations en faveur des particuliers, pour réparation des délits ou contraventions commis dans leurs bois, seront, à leur diligence, signifiés et exécutés suivant les mêmes formes et voies de contrainte que les jugemens rendus à la requête de l'administration des forêts. — Le recouvrement des amendes prononcées par les mêmes jugemens sera opéré par les receveurs de l'enregistrement et des domaines. — Les délinquans insolvables devront être admis à se libérer comme il est dit au § 3 de l'article 210, mais seulement en ce qui concerne les amendes et les frais qui auront été avancés par l'État. — En ce cas, les prestations en nature devront être exécutées sur les chemins vicinaux dépendant de la commune sur le territoire de laquelle le délit aura été commis (a). — F. 189, 204, 209 s., 216.

216. Toutefois, les propriétaires seront tenus de pourvoir à la consignation d'alimens prescrite par le Code de procédure civile, lorsque la détention aura lieu à leur requête et dans leur intérêt. — Pr. 789, 791, 793.

217. La mise en liberté des condamnés ainsi détenus à la requête et dans l'intérêt des particuliers ne pourra être accordée, en vertu des art. 212 et 213, qu'autant que la validité des cautions ou l'insolvabilité des condamnés aura été, en cas de contestation de la part desdits propriétaires, jugée contradictoirement entre eux.

(a) Pour l'ancien texte du Code *Voyez* mon édit. in-8

TITRE QUATORZIÈME.

DISPOSITION GÉNÉRALE.

218. Sont et demeurent abrogés, pour l'avenir, toutes lois, ordonnances, édits et déclarations, arrêts du conseil, arrêtés et décrets, et tous réglemens intervenus, à quelque époque que ce soit, sur les matières réglées par le présent Code, en tout ce qui concerne les forêts. — Mais les droits acquis antérieurement au présent Code seront jugés, en cas de contestation, d'après les lois, ordonnances, édits et déclarations, arrêts du conseil, arrêtés, décrets et réglemens ci-dessus mentionnés.

TITRE QUINZIÈME.

(LOI DU 18 JUIN 1859.)

DÉFRICHEMENT DES BOIS DES PARTICULIERS (a).

219. Aucun particulier ne peut user du droit d'arracher ou défricher ses bois qu'après en avoir fait la déclaration à la sous-préfecture, au moins quatre mois d'avance, durant lesquels l'administration peut faire signifier au propriétaire son opposition au défrichement. Cette déclaration contient élection de domicile dans le canton de la situation des bois. — Avant la signification de l'opposition, et huit jours au moins après avertissement donné à la partie intéressée, l'inspecteur ou le *sous-inspecteur*, ou un des gardes généraux de la circonscription, procède à la reconnaissance de l'état et de la situation des bois et en dresse un procès-verbal dé-taillé, lequel est notifié à la partie, avec invitation de présenter ses observations. — Le préfet, en conseil de préfecture, donne son avis sur cette opposition. — L'avis est notifié à l'agent forestier du département, ainsi qu'au propriétaire des bois, et transmis au ministre des finances, qui prononce administrativement, la section des finances du conseil d'Etat préalablement entendue. — Si, dans les six mois qui suivront la signification de l'opposition, la décision du ministre n'est pas rendue et signifiée au propriétaire des bois, le défrichement peut être effectué. — F. 91, 159, 223. — O. F. 192 *u*.

220. L'opposition au défrichement ne peut être for-

(a) Pour l'ancien titre XV du Code, intitulé : *Dispositions transitoires*, Voyez mon édition in-8

mée que pour les bois dont la conservation est reconnue nécessaire : 1º Au maintien des terres sur les montagnes ou sur les pentes ; — 2º A la défense du sol contre les érosions et les envahissemens des fleuves, rivières ou torrens ; — 3º A l'existence des sources et cours d'eau ; — 4º A la protection des dunes et des côtes contre les érosions de la mer et l'envahissement des sables ; — 5º A la défense du territoire dans la partie de la zone frontière qui sera déterminée par un réglement d'administration publique ; — 6º A la salubrité publique.

221. En cas de contravention à l'article 219, le propriétaire est condamné à une amende calculée à raison de *cinq cents francs au moins et de quinze cents francs au plus* par hectare de bois défriché. Il doit en outre, s'il en est ainsi ordonné par le ministre des finances, rétablir les lieux défrichés en nature de bois, dans un délai qui ne peut excéder trois années.

222. Faute par le propriétaire d'effectuer la plantation ou le semis dans le délai prescrit par la décision ministérielle, il y est pourvu à ses frais par l'administration forestière, sur l'autorisation préalable du préfet, qui arrête le mémoire des travaux faits et le rend exécutoire contre le propriétaire.

223. *Les dispositions des quatre articles qui précèdent sont applicables aux semis et plantations exécutés, par suite de la décision ministérelle, en remplacement des bois défrichés.*

224. Sont exceptés des dispositions de l'article 219, 1º Les jeunes bois pendant les vingt premières années après leur semis ou plantation, sauf le cas prévu par l'article précédent ; — 2º Les parcs ou jardins clos ou attenants aux habitations ; — 3º Les bois non clos, d'une *étendue au-dessous de dix* hectares, lorsqu'ils ne font pas partie d'un autre bois qui compléterait une contenance de dix hectares, ou qu'ils ne sont pas situés sur le sommet ou la pente d'une montagne.

225. Les actions ayant pour objet des défrichemens commis en contravention à l'article 219 se prescrivent par deux ans à dater de l'époque où le défrichement aura été consommé.

226. Les semis et plantations de bois sur le sommet et le penchant des montagnes, sur les dunes et dans les landes, seront exempts de tout impôt pendant trente ans.

FIN DU CODE FORESTIER.